Jules GUESDE

ÇÀ ET LÀ

DE LA PROPRIÉTÉ — LA COMMUNE
LE COLLECTIVISME DEVANT LA 10e CHAMBRE
LA QUESTION DES LOYERS
LES GRANDS MAGASINS

PARIS
MARCEL RIVIÈRE & Cie
31, RUE JACOB, 31
1914

Çà et Là

JULES GUESDE

Çà et Là

De la Propriété — La Commune
Le Collectivisme devant la 10e Chambre
La Question des Loyers
Les Grands Magasins

PARIS
LIBRAIRIE DES SCIENCES POLITIQUES ET SOCIALES
MARCEL RIVIÈRE & Cie
31, Rue Jacob et 1, Rue Saint-Benoît

1914

DE LA PROPRIÉTÉ

Lettre au Sénateur Lampertico

LETTRE AU SÉNATEUR LAMPERTICO (1)

Monsieur,

Les sophismes dont les diverses écoles économiques ont successivement essayé d'étayer la propriété, la rente, l'intérêt de l'argent, etc., ont été si souvent et si complètement percés à jour par la critique socialiste que le besoin d'une mille et unième réfutation ne se faisait pas sentir.

Mais devant les prétentions affichées par une soi-disant nouvelle économie politique, dont vous êtes en Italie la plus haute personnification, en présence surtout du défi qui termine le troisième volume de votre *Economie des Peuples et des Etats,* j'ai pensé qu'il ne nous convenait pas de paraître fuir le débat sous prétexte que

A vaincre sans péril, on triomphe sans gloire.

Et c'est pourquoi — bien que l'on puisse dire de la majeure partie de vos arguments que « ce sont toujours les mêmes chiens sous un autre collier » — je vous

(1) Ecrite en 1875 — lorsque les cinq années de prison auxquelles il avait été condamné pour avoir mis au service de la Commune son journal, les *Droits de l'Homme,* de Montpellier, tenaient Jules Guesde hors de France — cette lettre était une réponse à l'ouvrage de Lampertico, l'*Economie des Peuples et des Etats,* qui venait de paraître. Elle fut éditée en italien par la *Plebe,* à Milan, en 1877, et n'a jamais été publiée en français.

adresse cette première lettre, à laquelle vous ne répondrez pas — et pour cause.

Avant d'entreprendre la justification, non pas en droit, mais économique, de la propriété, tombée ainsi au rang de simple « moyen », vous reconnaissez, avec et après Laveleye, que la propriété individuelle ou, comme vous l'appelez, « exclusive et perpétuelle », n'a pas toujours existé, qu'elle est, au contraire, relativement nouvelle. Vous dites :

« La propriété se manifeste d'abord sous forme collective, et seulement dans le cours du temps d'une manière distributive ; et même lorsque, de la communion générale d'usage et de domaine, les biens passent à une communauté ou à une personne déterminée, il se continue sous diverses formes une certaine participation de tous à la chose, quoiqu'elle ait cessé d'être commune, etc. (page 35). »

Aveu précieux, par parenthèse, et qui — puisque la propriété individuelle a été longtemps ignorée des sociétés humaines — ne laisse d'autres ressources que la calomnie aux économistes, vos confrères, qui nous accusent de poursuivre le *renversement de toute société,* parce que nous voudrions ramener la propriété à son origine collective ou sociale.

Mais si vous admettez que la propriété est « loin de présenter en tout temps cette forme unique que nous sommes habitués à nous représenter non seulement comme dominante, mais comme essentielle », vous affirmez que la forme actuelle ne fera pas place à une autre, qu'elle doit être regardée comme définitive. Si vous confessez que « certaines coutumes encore aujourd'hui existantes dans quelques régions ne sont pas une curiosité accidentelle et extraordinaire, mais le vestige d'une longue période collective », vous niez qu'elles puissent être considérées comme « capables de nouvelles et de plus larges applications pour l'avenir ».

En attendant, vous n'appuyez cette double assertion d'aucune preuve, de façon que votre argumentation se réduit à ceci :

La propriété se présente dans le passé « en état de transformation successive et continue » : donc, elle ne se transformera plus. Elle a toujours eu jusqu'à nos jours un caractère collectif ou social qu'elle conserve encore par endroit : donc, elle ne le réacquerra jamais.

Quelle logique ! quel souci surtout de l'expérience pour un partisan déclaré de la méthode expérimentale !

Quant à votre justification de la propriété, à laquelle j'arrive sans plus tarder, elle est à la fois d'ordre *productif* et d'ordre *distributif :*

1° La propriété répondrait mieux que tout autre système à la loi du *minimum* d'efforts pour un *maximum* de résultat ;

2° Elle n'exclurait pas, « pour qui en est privé, une participation aux biens eux-mêmes, participation qui, étant admise la communauté des biens, serait très inférieure ».

La même théorie avait déjà été exprimée en d'autres termes par M. Luzzati, l'année dernière, lorsque, dans son discours d'inauguration de la Société pour l'encouragement des Etudes économiques de Padoue, il fondait la propriété sur la « nécessité », au point de vue de la production, et sur ce que « tout autre régime engendrerait des maux infiniment supérieurs ».

Mais, tandis qu'il se bornait à affirmer, vous avez

essayé de démontrer ; et cet essai de démonstration démontre trop l'impossibilité de toute justification de la propriété pour que je résiste au plaisir de vous le laisser exposer vous-même, dans tous ses détails.

I

La propriété individuelle et héréditaire, écrivez-vous, est le rapport entre l'homme et les choses qui est le plus favorable à la production, c'est-à-dire « qu'avec elle la somme des biens s'accroît davantage ». Et à l'appui, vous formulez les quatre propositions suivantes, qui constituent une espèce de genèse explicative et historique, ou subjective et objective, de la propriété, et que j'examinerai au fur et à mesure :

« 1re proposition : *Sans possession individuelle du sol — au moins momentanée, jusqu'à la récolte — pas de mise en culture :*

« Tant que l'on vit des fruits que la terre donne spontanément, on ne reconnaît pas la nécessité de sa possession stable et exclusive par quelqu'un en particulier et on continue à en jouir comme d'une chose commune à laquelle tous participent.

« Mais lorsque l'on commence à confier au sol des semences et à cultiver le terrain, alors, nécessairement, l'homme fait acte d'appropriation, au moins temporaire, jusqu'à la moisson (page 37).

« Pour se résoudre à cultiver la terre, il faudra au moins l'avoir en sa possession pendant tout le temps qui s'écoule entre les semailles et la récolte (page 40). »

Rien de moins exact, en fait.

Historiquement, dans le passé, la terre est cultivée par qui ? Par des hommes qui, loin de la posséder même provisoirement, ne se possèdent pas eux-mêmes, esclaves blancs et noirs, serfs, qu'il suffit d'un caprice du maître ou du seigneur pour enlever à la charrue et jeter aux murènes ou envoyer à la potence.

Actuellement encore, la terre est en majeure partie cultivée par qui ? Par des non possédants, qui n'ont rien à voir dans la récolte et qui ne se résolvent à la cultiver que pour manger, ou plus exactement pour ne pas mourir de faim.

Ce qui est vrai, c'est que dans sa pleine liberté d'action, c'est-à-dire si un refus de sa part n'eût pas été pour lui un arrêt de mort, l'homme n'aurait évidemment consenti à mettre de son travail dans la terre qu'autant que le produit de ce travail lui aurait été assuré. Mais qui ne voit qu'étant donnés des hommes dans le sens humain du mot, réfléchis, développés, le sol pouvait être mis en culture et sa possession continuer à rester collective ?

Il aurait suffi d'une convention, d'un accord entre eux d'après lequel la récolte aurait appartenu à chacun des membres de la collectivité au prorata de sa participation à la culture. Ce n'est donc pas la mise en culture du sol, les exigences de cette mise en culture qui ont amené la possession individuelle du sol, mais le peu de développement, le peu d'*humanité* de l'homme d'alors, son ignorance, pour ne pas dire son *animalité,* au moment où la terre a commencé à être cultivée — ignorance qui ne lui faisait trouver de garantie contre le danger d'avoir cultivé ou travaillé en vain que dans l'incorporation du sol à sa personne.

Une autre raison de cette possession individuelle

primitive du sol — qui n'a, elle aussi, rien à faire avec sa mise en culture — doit être cherchée dans l'étendue du sol cultivable par rapport à la population, lors de la première culture foncière — étendue qui se prêtait merveilleusement, en même temps qu'elle devait inciter, à la répartition du sol entre ceux qui le cultivaient.

« 2me proposition : *Sans possession prolongée du sol par le même individu, pas de culture continue et améliorée ; en un mot, pas de véritable et réelle culture :*

« Au fur et à mesure que l'on emploie plus de soins et de dépenses à défricher et à cultiver les terrains, le domaine s'y établit avec plus de force, d'autant plus durable, d'autant plus plein que l'on y applique plus d'industrie et de capital. Cela est si vrai que la propriété ne se constitue que beaucoup plus tard sur les biens qui, comme les bois, sont plus longtemps laissés à leur état de nature (page 37).

« Pour que ne manque pas le motif à enfouir dans le sol toujours plus de capitaux, il est nécessaire que le profit soit assuré à celui qui va opérant cette bienfaisante accumulation de richesses (page 38).

« La terre ne donne tout le revenu dont elle est capable qu'autant que la culture est distribuée et alternée par un bon système d'assolement. D'où la nécessité de posséder la terre durant le nombre d'années qu'il faut pour que s'accomplisse cette succession de cultures diverses qui forment un ensemble (page 40).

« Pour que nous nous appliquions à une culture toujours plus active, il nous faut la sécurité de posséder la terre tout le temps qui nous permettra de nous refaire de nos dépenses (page 40). »

Toujours la même confusion ! Avec cela vous avez sans doute démontré que, sans une possession plus ou moins longue du sol, l'homme ne se serait pas décidé à « activer » la culture — ce que personne, que je sache, ne s'est avisé de contester ; mais vous n'avez pas établi — ce qui était l'important — que cette possession prolongée doive être individuelle.

Etant admise même votre distinction entre le capital et le travail, en quoi la possession collective du sol aurait-elle été contradictoire ou contraire au passage de la culture simple à la culture intensive ? Au lieu d'une répartition entre les membres de la collectivité proportionnellement au seul travail, nous aurions eu une répartition proportionnelle à la fois au travail et au capital « incorporés dans le sol ». Et voilà tout.

Mais il y a plus. Loin de trouver un obstacle dans la possession collective du sol, la culture savante, dispendieuse, dont la rétribution s'effectue en de nombreuses années, l'appelait, l'exigeait, pendant qu'elle excluait, au contraire, la possession individuelle — et qu'elle l'aurait, en réalité, exclue, si la possession fondée sur la culture et proportionnelle à l'intensité de la culture dont vous nous racontez le roman n'était pas remplacée dans l'histoire par la possession issue de la force.

Si, en effet, lorsque les rapports de l'homme avec la terre se bornaient au plus superficiel des labours, la possession individuelle n'était pas — au point de vue économique — complètement inadmissible, c'est que la culture ainsi comprise et pratiquée était, pouvait être individuelle sans inconvénients, sans pertes.

Mais lorsqu'il s'est agi « d'accumuler de l'industrie dans la terre », qui oserait soutenir que la culture individuelle était encore économiquement suffisante, c'est-à-dire qu'il était possible, sans entraver, sans restreindre la production, de limiter cette « accumulation » à « l'industrie » d'un seul homme, transformé pour cela en possesseur exclusif ? Or si, pour être intensive, la culture devait être de plusieurs, si elle était — et qui oserait le contester — d'autant plus intensive qu'elle était d'un plus grand nombre, si, d'autre part, comme vous l'écrivez, « pour que l'on active la culture il faut que le profit en soit assuré à qui a été l'activant », comment la possession aurait-elle pu être individuelle ou d'un seul ?

« 3me proposition : *Cette possession prolongée, bien que ne constituant pas encore la propriété, s'en rapproche et doit s'en rapprocher le plus possible pour donner économiquement le plus grand profit :*

« Nous n'aurons pas encore avec cela justifié l'éternité de la propriété ; mais nous sommes déjà arrivés à justifier comme nécessaire une possession qui, pour la plénitude des facultés et pour le large espace de temps, *se rapproche toujours plus de la vraie propriété...*

« Continuons, en attendant, à considérer comment ces mêmes relations entre l'homme et les biens, qui ne constituent pas encore une propriété, *doivent toujours cependant, le plus possible, participer de celle-ci pour économiquement donner le plus grand profit.*

« Un admirable exemple nous est fourni par l'agriculture lombarde dans les améliorations, etc. ; il s'agit du système des consignations et du bilan agraire (page 42). »

Impossible d'entasser plus de sophismes en moins de lignes !

D'abord — faut-il vous le répéter — vous n'avez pas

justifié la possession prolongée du sol par l'individu, vous n'avez pas même réussi à justifier la possession individuelle momentanée, annuelle. Mais en fût-il autrement, fût-elle aussi indispensable au progrès de l'agriculture qu'elle lui est nuisible, que la possession individuelle du sol, aussi prolongée qu'on le voudra, ne se rapprocherait pas pour cela de la propriété — et ne devrait pas surtout s'en rapprocher.

Si vous quittez un moment votre chaire de professeur et votre siège de père-conscrit et que vous jetiez les yeux autour de vous, que voyez-vous en Italie, en Angleterre, en Allemagne, partout ? Des millions et des millions d'hommes courbés sans trève ni merci sur une terre dans laquelle ils mettent plus que leur temps, plus que leurs sueurs, leur vie même (notamment dans l'*agro romano,* les rizières lombardes, les *maremmes* toscanes, etc.). Or, cette terre, qui depuis des siècles qu'ils la cultivent de père en fils est devenue, on peut le dire, leur création, la possèdent-ils ? Non. Et qui la possède ? Un petit nombre d'oisifs qui ne la connaissent que par l'intermédiaire de la rente qu'ils en tirent.

Ce qui constitue la propriété, la « vraie propriété », est donc la possession sans travail, avec son corollaire obligé de travail sans possession.

Et vous osez écrire qu'il y a quoi que ce soit de commun entre cette propriété et la possession du sol telle que vous venez de l'imaginer et de l'expliquer, c'est-à-dire fondée sur le travail, sur la nécessité, pour qu'un homme incorpore librement de son travail dans le sol, qu'il soit sûr de jouir du produit de ce travail, proportionnelle en durée à l'intensité du travail ainsi incorporé, et cessant par suite avec lui !

Mais continuons à observer vos propriétaires. Où

vivent-ils pour la plupart ? Dans les villes. Et quelles sont leurs plus grandes dépenses ? Celles dites de luxe : chevaux, domestiques, toilettes, spectacles, etc. C'est-à-dire que ce qu'ils prennent à la terre, à cette terre qu'ils ne cultivent pas, est consommé par eux improductivement.

La propriété n'implique donc pas seulement la faculté de posséder sans travailler, mais encore celle de consommer sans reproduire, c'est-à-dire de détruire la production d'autrui.

Et à vous entendre, il faudrait, pour obtenir son *maximum* de productivité, que la possession motivée par la production et étendue en vue de la production se rapprochât le plus possible de cette propriété exclusivement consommative ou destructive !

Ce n'est pas sérieux ?

Quant à « l'admirable exemple » que vous puisez dans la culture lombarde, il est « admirable », en effet, mais pas dans le sens où vous l'invoquez, au contraire, contre la transformation de la possession en propriété. « Ces ouvrages d'irrigation », à qui sont-ils dus ? Au propriétaire ? Non. Au fermier, c'est-à-dire à qui cessera de posséder le sol le jour où il cessera d'y mettre de son industrie. Et pourquoi a-t-il ainsi accumulé de son industrie dans la terre lombarde ? De votre propre aveu, parce que, grâce à un système de fermage particulier, il était certain de la « pleine compensation de ses efforts » (déduction faite cependant du loyer payé au propriétaire). Or, quel est aujourd'hui l'obstacle à ce que ce tout puissant mobile de la production, la « pleine compensation des efforts » du producteur ou la rémunération du travail par le produit même du travail, soit étendue à toutes les branches de l'industrie humaine ?

Précisément cette propriété individuelle avec ses prélèvements opérés sur le produit du travail d'autrui sous forme de rente, d'intérêt, etc.

« 4me proposition : *De l'impossibilité de fixer dans le temps une limite à l'efficacité de l'industrie incorporée dans le sol naît la nécessité de la perpétuité de la possession ou la propriété, qui n'est, en réalité, « qu'une des applications de la loi naturelle de continuité » :*

« Qui tracera une limite au delà de laquelle le rendement deviendrait un excédent de la compensation due à l'emploi du capital et du travail ?

« C'est ici que commenceraient à avoir aspect de vérité les accusations contre la propriété, si, dans la lenteur et la sécularité avec lesquelles s'accomplit la rétribution du sol, ce point pouvait être établi.

« Il en est de la propriété comme de la vie, l'aujourd'hui ne peut se concevoir que comme la préparation du demain, la continuation de l'hier. Et, en réalité, pendant que se terminerait la longue période nécessaire à la réintégration des grands frais d'ameublement du sol, d'autres sont venus successivement s'accomplir (page 45). »

On croit rêver en lisant de pareilles choses.

Comment ! C'est parce que la rétribution du sol s'opère « lentement et séculairement », c'est parce qu'on ne saurait « tracer une limite au delà de laquelle le rendement devient un excédent de la compensation due à l'emploi du capital et du travail » ; c'est, en un mot, *afin que la crainte d'être volé n'empêche pas fermier et journaliers de mettre dans la terre, l'un le plus de capitaux, les autres le plus de travail possible, que la terre a dû être attribuée pour toujours, à qui?... A un tiers, qui n'y met, lui, ni sueur, ni argent et se borne à prélever, sous le nom de rente ou de loyer, le plus qu'il lui est possible sur le produit du travail des journaliers et des capitaux du fermier?*

Et ne dites pas qu'à l'origine journalier, fermier et propriétaire ne formaient qu'une seule et même personne, ou qu'en d'autres termes le premier possesseur de la terre, dont la possession a été ainsi changée en propriété afin d'activer la culture, y mettait ses propres capitaux et son propre travail, — ou je vous répondrai :

1° Que votre hypothèse est démentie par les faits et que — toutes les pages de l'histoire le crient — les premiers possesseurs du sol n'ont pas été des cultivateurs, mais des conquérants ;

2° Qu'en admettant que la culture et non la conquête se trouvât à la source de la propriété individuelle, s'il a fallu au premier cultivateur, pour faire rendre à la terre tout ce dont elle était capable, que l'éternisation de la possession lui assurât la « compensation intégrale » du travail et des capitaux par lui employés, cette éternisation de la possession, ou la propriété du sol par eux cultivé n'était pas moins nécessaire, et pour les mêmes motifs, aux cultivateurs qui devaient suivre et qui ont suivi, et que, comme la propriété du premier excluait la propriété des autres, *la transformation de la possession momentanée en possession définitive, héréditaire, ne pouvait activer, augmenter un instant la production que pour l'entraver et la paralyser à tout jamais.*

Cette succession non interrompue d'efforts et de soins dont la terre a dû être l'objet pour produire tout ce dont elle est capable, et l'impossibilité qui en découle de déterminer, avec la part de productivité acquise qui revient à chacun, la part du produit qui doit lui être attribué — dont vous prétendez, je ne sais par quel miracle d'aveuglement ou de mauvaise foi, faire surgir la propriété individuelle — constituent les plus puissants arguments en faveur de la propriété collective, qui répond seule aux nécessités de la production maxima.

II

Pour qu'il en fût autrement, pour que la propriété individuelle fût, je ne dis pas inséparable, comme vous le voulez, de la production maxima, mais seulement compatible avec elle, il faudrait deux choses :

1° Que les propriétaires eussent intérêt à produire le plus possible ;

2° Qu'ils en eussent les moyens.

Conditions dont ni l'une ni l'autre n'est remplie par la propriété individuelle.

1° *Les propriétaires n'ont pas intérêt à faire rendre à la terre tout ce dont elle serait capable :*

a) Voyez plutôt ce qu'ils entendent par « une bonne année ». Est-ce l'année la plus abondante en grain, vin, etc. Nullement, l'*excédance* de l'offre sur la demande effective, en abaissant, en avilissant les prix, réduisant à la fois leurs bénéfices sous la forme rente et sous la forme profit ou intérêt des capitaux engagés. N'écrivez-vous pas vous-même, au chapitre de la Rente, page 136 : « La rente s'abaisserait ou s'évanouirait par le fait d'une plus grande offre ou quantité de produit » ? Quoi d'étonnant, dès lors, que les propriétaires évitent de dépasser le *quantum* de production au delà duquel leurs rentes « s'évanouiraient ».

b) Combien de terres, comme l'*Agro romano*, qui, livrées à la culture, amendées, irriguées, travaillées, doubleraient, sinon plus, la production agricole? Mais à l'état de vaine pâture, c'est-à-dire sans dépenses, sans soucis, le revenu qu'elles fournissent à leurs propriétaires princiers suffit et au delà à tous leurs besoins et leur enlève jusqu'à l'idée de les mettre en valeur.

c) Niera-t-on, enfin, qu'étant donné un duc de Cleveland, de Devonshire ou de Northumberland, avec 102.785, 132.990 et 186.397 acres de terre, dans l'Angleterre proprement dite seulement, d'une valeur locative annuelle de 2.294.625, 3.510.750 et 4.401.100 francs, la production cesse d'être non seulement l'unique, mais le principal intérêt de semblables propriétaires ? Que parcs, villas, chasses représentent pour ces archimillionnaires une satisfaction infiniment supérieure à celle qu'ils retireraient de quelques centaines de milliers de francs de plus dans leur caisse?

2° *Les propriétaires n'ont pas les moyens de faire rendre à la terre tout ce dont elle serait capable :*

a) La petite culture, qui résulte du morcellement de la propriété ou de la multiplication des propriétaires, limite la productivité terrienne à la quantité de capital ou de crédit dont disposent ces derniers, en même temps qu'elle augmente les frais de production, ce qui est un autre genre de limitation. C'est ainsi, par exemple, qu'en France, où domine la petite propriété depuis 1789, le rendement du blé a toujours été inférieur au rendement obtenu en Angleterre (19,3 boisseaux par acre, en 1872, contre 28 dans la Grande-Bretagne).

b) La grande culture — que permet la grande

propriété maintenue législativement, comme en Angleterre, par le droit de primogéniture ou reconstituée spontanément par l'impossibilité pour le paysan possesseur d'un lopin de terre de soutenir la concurrence du gros propriétaire, son voisin — la grande culture, bien que se présentant tout d'abord sous un jour plus favorable à la production, aboutit au même résultat limitatif par une autre voie :

Son écueil est le salariat dont, avec la propriété individuelle, elle est inséparable.

Le cultivateur salarié, c'est-à-dire rétribué arbitrairement, indépendamment du résultat ou du produit obtenu, n'apporte à son travail ni le soin, ni l'énergie qu'il pourrait.

D'autre part, l'insuffisance du salaire réduit au delà de ce qu'il est possible d'imaginer sa capacité productive. Ne résulte-t-il pas des études physiologiques les plus sérieuses (1) que pour obtenir son maximum de rendement, l'organisme humain a besoin, par vingt-quatre heures, d'une quantité et d'une qualité d'alimentation correspondant à 1.500 grammes de pain et à 1 kilogramme de viande, avec leurs accessoires obligés en boissons ? 1 kilogramme de viande et 1.500 grammes de pain ! Et c'est à peine si, selon les pays, le travailleur des champs peut aujourd'hui se rassasier de pommes de terre ou de *polenta*.

Autres entraves — et non les seules — apportées par la propriété individuelle à la production :

a) Elle empêche l'application à l'agriculture de la division du travail, de la vapeur, etc.

(1) André Sanson. *Conditions économiques de la production animale (Réforme économique* du 15 juin 1876).

b) En donnant lieu à la rente, elle crée le rentier, dont l'oisiveté — bien que constituant une perte nette pour la production — n'est que le moindre défaut, et dont les caprices enlèvent à l'agriculture, pour les occuper dans des travaux désavantageux ou stériles, mais mieux rétribués, des millions et des millions de bras.

On se plaint, et avec raison, de l'émigration de plus en plus considérable des campagnes dans les villes. Mais pourquoi cette émigration, qui est peut-être la principale raison de l'écart encore aujourd'hui existant entre les subsistances et la population ? Parce que les salaires industriels, de l'industrie de luxe surtout, sont aux salaires agricoles dans la proportion de 3 à 1. Et par quel miracle les travaux qui ne servent qu'à la satisfaction de la vanité ou des fantaisies d'un petit nombre se trouvent-ils mieux rémunérés que les travaux tendant à la satisfaction des besoins primordiaux de tous ? Parce que, grâce à la propriété individuelle, la partie des produits annuels ou de la richesse générale qui pourrait servir d'élément à une nouvelle production est concentrée, monopolisée entre les mains d'un petit nombre, qui décident de son emploi et en décident naturellement, non pas à l'avantage de tous, mais à leur profit exclusif.

c) En divisant la grande famille humaine en possédants et non possédants, ces derniers évidemment attirés vers les biens qui leur sont refusés et dont — qui plus est — ils sont les véritables et uniques créateurs, elle oblige les premiers, ce qu'on appelle les classes dirigeantes, à organiser et à entretenir, sous le nom d'Etat, des services dits publics, purement répressifs ou défensifs de leurs privilèges, tels que police, magistrature, clergé, armée, etc., qui, pour l'Europe seulement, absorbent, c'est-à-dire enlèvent à la production, plus de 15 milliards par an.

A ces 15 milliards consommés improductivement par les dix millions de fonctionnaires de tout ordre : juges, mouchards, soldats, prêtres, bourreaux, qui font partie de votre édifice social, fondé sur la propriété, ajoutez 7 ou 8 autres milliards, au plus bas mot, qu'ils pourraient et devraient produire, — et vous aurez la nature de l'action exercée sur la production par votre propriété individuelle.

III

L'action de la propriété individuelle sur la distribution des richesses est plus néfaste encore, s'il est possible. Une statistique toute récente, dressée et publiée par les soins du Parlement britannique, ne nous apprend-elle pas que, l'année dernière encore, dans la seule ville de Londres, il est mort d'*inanition, judiciairement constatée,* quarante-six personnes, soit près d'une par semaine ? D'autre part, n'est-ce pas un des vôtres, M. Toscanelli, qui, il y a quelques mois, était obligé de déclarer en plein Parlement italien que c'était dans les provinces les plus riches de la Péninsule, telle que la basse Lombardie, que la misère des travailleurs était la plus effrayante ? Et lorsqu'au mépris des faits les plus patents, contre le témoignage des propriétaires eux-mêmes, on vous voit « vous enfler et vous travailler » pour établir que « par suite de la propriété exclusive et perpétuelle des biens, qui en est privé n'en participe pas moins en réalité à ces biens eux-mêmes, qu'au contraire, si l'on admettait la communauté des biens, cette participation serait beaucoup moindre », l'indignation pour tant d'impudence ne le cède qu'à la pitié pour tant d'ineptie.

Cela revient à dire, en effet, que *la propriété exclusive de la terre et des autres instruments de production est à l'avantage de ceux qui en sont exclus*. Et, ainsi réduite à sa plus simple et à sa véritable expression, cette seconde partie de votre essai de justification est moins odieuse encore que ridicule.

La voici, d'ailleurs, textuellement reproduite, comme j'ai reproduit la première :

« Avec la propriété individuelle et héréditaire, la masse des biens s'accroît bien davantage... ; ayant ainsi une plus grande quantité à distribuer, l'équité de la distribution trouve un plus large et facile champ d'action (page 48).

« Les nécessités mêmes de la propriété privée, d'autre part, en déterminent la destination à l'avantage de tous (page 49). »

Autant de mots, autant... d'erreurs :

1° Nous l'avons vu, loin d'être la condition de la production maxima, la propriété individuelle la rend absolument impossible ;

2° La propriété individuelle multipliât-elle les richesses autant qu'elle les réduit, que l'élargissement du champ de la distribution n'en impliquerait nullement l'équité, — l'inégalité trouvant autant et plus de moyens de se manifester avec une plus grande quantité de biens qu'avec une moindre. De fait, ce qui ressort de l'étude comparative de la condition des travailleurs d'autrefois et d'aujourd'hui, ce que constatait, d'ailleurs, il n'y a que quelques années, une enquête officielle anglaise, en mettant en lumière la tendance des riches à devenir plus riches et des pauvres à devenir plus pauvres, c'est que *la misère des producteurs n'a pas cessé de croître avec la production et en raison directe de la production*.

Et pourrait-il ne pas en être ainsi lorsque — comme nous le verrons plus tard — la part prélevée par le propriétaire à titre de rente sur le produit de la terre augmente avec la population et avec l'accroissement de la demande qui en est la conséquence nécessaire ; lorsque, d'un autre côté, avec l'application, le perfectionnement et la généralisation des machines, le rôle du capital dans la production et, par suite, la part que s'attribue le capitaliste dans le produit, deviennent tous les jours plus considérables ?

Vous le reconnaîtrez vous-même, lorsqu'il s'agira de combattre l'élévation des salaires demandée à l'organisation et à la coalition des forces ouvrières : le fond de rétribution du travail qui, alors que le principal, pour ne pas dire l'unique instrument de production, était les bras de l'homme, comprenait au moins virtuellement la totalité de la richesse générale non consommée annuellement, ne comprend plus aujourd'hui qu'une partie de cette richesse disponible, la partie que lui laisse un outillage non humain de plus en plus compliqué, de plus en plus important et de plus en plus dispendieux, qu'il faut incessamment implanter, entretenir et renouveler.

Telles sont « les nécessités mêmes de la propriété privée », ou de l'individualisation du capital et de la terre, proclamée par vous égalisatrice des biens et des avantages.

« A côté de la propriété individuelle, et seulement

grâce à elle, se forme une propriété publique et dans de telles proportions qu'il serait vain de les attendre de la propriété commune se substituant à cette propriété individuelle... (page 48). »

Que la propriété publique d'aujourd'hui, alors que la totalité des biens est appropriée individuellement, se forme et ne puisse se former qu' « au moyen de la propriété individuelle », c'est là une vérité de M. de la Palisse, quoiqu'elle soit loin d'être formée par l'inégalité des propriétaires proportionnellement à la part des biens par eux appropriée. Mais que la propriété publique d'aujourd'hui dût se trouver diminuée parce qu'on y ajouterait la somme des propriétés particulières, c'est ce dont personne, en dehors d'un économiste, ne se serait jamais douté. Y pensez-vous ? Une addition se terminant en soustraction ! *Le tout* plus petit que *la partie !* Les classes pauvres plus pauvres parce que, par suite de l'adjonction des instruments de production, terre, machines, etc., aux biens communaux, provinciaux et nationaux dont elles jouiraient actuellement, selon vous, elles pourraient jouir du produit intégral de leur travail !

« Qui ne possède pas un pouce de terre se trouve cependant (toujours grâce à cette propriété publique sortie de la propriété individuelle), largement pourvu de tout subside d'instruction, secouru dans la misère, occupé dans les professions, les arts, les métiers, fourni de moyens de communications gratuits ou accessibles aux fortunes les plus humbles, réconforté de tous les avantages édilitaires, garanti par toute espèce de mesures d'hygiène et de sécurité publique, protégé dans ses droits (page 48). »

« Pourvu largement de tout subside d'instruction »,

celui qui ne possède pas ! — De quelle instruction ? L'immense majorité de vos paysans et ouvriers italiens ne sait ni lire, ni écrire. Et le petit nombre de ceux qui ont pu franchir le seuil de vos écoles primaires — qui ne sont pas même complètement gratuites — n'y apprend que juste ce qui est nécessaire pour que son travail produise davantage aux propriétaires, aux capitalistes qui l'exploitent.

« Secouru dans la misère ! » — Oui, à l'aide de la propriété publique, la propriété privée vient en aide à la misère. Mais cette misère, qui l'a faite ? Elle, la propriété privée. De telle sorte que, comme la lance d'Achille, elle ne fait que réparer le mal dont elle est l'auteur. Et dans quelle mesure le répare-t-elle ? A celui qu'elle a exproprié de toutes les jouissances de l'existence, elle donne — quand elle ne le vend pas, comme dans les *work-houses* de la Grande-Bretagne — le pain aussi rare qu'humiliant du *bureau de bienfaisance*. A celui qu'elle a empêché de vivre, elle prête un lit d'hôpital pour mourir.

« Fourni de moyens de communication gratuits ou accessibles aux fortunes les plus humbles ! » — Quels moyens de communication ? Ses jambes sur les routes ordinaires, les wagons à bestiaux sur les chemins de fer, l'entrepont sur les navires !

« Réconforté de tous les avantages édilitaires ! » — Exemple : les habitations du paysan lombard, qui — je laisse parler la relation officielle (1) — « sont, plutôt que des maisons, des taudis, plus que des taudis, des antres, dans lesquels, en un étroit espace, sont accu-

(1) De M. Boselli, sur un projet d'enquête agraire (séance du 16 juin 1875).

mulées des familles de huit, voire de dix personnes, sans plancher ni plafond (dans la région de Pavie), de telle sorte qu'en cas de pluie, le paysan a l'eau à la tête et au pied ; de telle sorte encore que, pendant les froids, la famille du paysan dort, peut-on dire, en plein air ». Autre exemple : Les paysans du Piémont (province de Turin, arrondissement d'Aoste), qui « l'hiver, habitent les étables, et l'été, les granges » (1).

« Garanti par toute espèce de mesures d'hygiène et de sécurité publique ! » — Témoin — pour ne pas sortir de l'Italie — l'inaptitude au service militaire de la plus grande partie des jeunes gens de certains districts miniers, déformés par le transport à épaule du minerai de soufre. Témoins encore les 3.767 victimes de l'industrie minière, avouées par les propriétaires des mines, de 1866 à 1873. Témoins encore « ces pauvres petits enfants de 5 à 6 ans, dont parle M. Luzzati (2), qui travaillent sous terre pendant des douze, treize et quatorze heures, ne voient jamais le soleil se lever ni se coucher, et vivent dans une nuit éternelle ».

« Protégé dans ses droits ! » — Surtout dans son droit de vivre de son travail ? Qu'on se rappelle la Ricamarie, Aubin, Goenoschen, et autres *merveilles* des fusils impériaux ou républicains sur les ouvriers coalisés.

La vérité est que cette propriété publique, dont vous faites si grand bruit et qui serait, selon vous, une compensation suffisante pour les non possédants, ce sont

(1) *Idem.*

(2) Discours prononcé à la Société des Economistes de Paris, le 6 décembre 1875.

les possédants qui en jouissent le plus, quand ils n'en jouissent pas exclusivement :

Pour eux, qui ont les moyens pécuniaires de s'instruire ou de faire instruire leurs enfants, gymnases, lycées, universités ;

Pour eux, qui ont le loisir, musées, bibliothèques, jardins publics ;

Pour eux, dont les relations commerciales, financières, intellectuelles sont aussi multiples que productives, les postes et les télégraphes ;

Pour eux, les trains rapides et les bateaux à vapeur, qui ne laissent à la variété et à l'immensité de leurs désirs d'autres bornes que celles du monde ;

Pour eux, enfin et exclusivement, pour la défense de leurs propriétés, le policier qui veille, le gendarme qui empoigne, le juge qui condamne, le bourreau qui tue, le prêtre qui damne, etc.

La vérité est encore que cette propriété publique, dont ils sont les derniers à jouir, ce sont les non possédants qui en font tous les frais :

1° La propriété foncière qui, selon vous, serait en grande partie la source des biens des communes, des provinces et de l'Etat, ne contribue en Italie que pour 125 millions aux dépenses publiques, qui dépassent 1 milliard 374 millions. Les contributions directes, qui comprennent, outre l'impôt foncier, l'*income-tax*, la contribution personnelle-mobilière, l'impôt des portes et fenêtres, etc., ne donnent que 168 millions, sur un budget de 1 milliard 873 millions, en Angleterre ; que 388 millions, sur un budget de 2 milliards 672 millions, en France.

Le reste, c'est-à-dire plus de 5 milliards pour les trois pays ci-dessus, est fourni annuellement par quoi ? Par les impôts indirects et de consommation, impôts sur le sel, sur la mouture, sur les boissons, loterie, douane, etc., qui — ce n'est plus à démontrer — pèsent plus sur le pauvre que sur le riche et sont *progressifs à rebours*, prenant moins à ceux qui ont plus et plus à ceux qui ont moins;

2° Ce 12 °/° en moyenne des dépenses publiques acquitté nominalement par la propriété l'est, en réalité, par le travailleur, qui voit réduire d'autant la partie du produit de son travail qui lui était abandonnée sous le nom de salaire, et se trouve payer plus cher loyer, denrées, etc.

De façon que, constituée aux dépens des non possédants et au bénéfice principal des possédants, la propriété publique, loin de remédier à l'iniquité de la distribution des richesses telle qu'elle résulte de la propriété individuelle, l'aggrave et la multiplie.

Au lieu de la prétendue restitution promise, elle n'est qu'un nouveau « vol » ajouté au premier.

IV

Ceci établi, la propriété privée convaincue de ne présenter aucun des avantages *distributifs* et *productifs* à l'aide desquels vous vouliez lui refaire une légitimité, je pourrais considérer ma tâche comme remplie et clore, sans plus tarder, cette lettre déjà trop longue.

Si je ne le fais pas, la faute en est à vous seul, qui, dans le chapitre sur « les limitations de la propriété qui doivent disparaître », et sur les « limites qui, au contraire, s'affirment et s'imposent plus nettement » parce que « vraies et déterminées par sa nature même », me fournissez, à l'appui de la suppression de la propriété individuelle, deux arguments que je ne me pardonnerais pas de laisser inaperçus.

Au premier rang, en effet, des limitations « qui tendent tous les jours à disparaître de la législation », vous mettez « cette part, le dixième en général des produits, que les propriétaires de certains fonds se trouvent obligés de contribuer aux propriétaires d'autres fonds ». Et pourquoi ?

« Parce que « ce dixième enlève à l'agriculture la partie, l'excédent du produit du sol sur les dépenses qui pourrait y être appliqué et servir d'élément à une nouvelle production agricole ; et parce qu'elle détourne de l'agriculture les capitaux, condamnés, par le fait de cette dîme, à n'y plus trouver qu'une compensation incomplète ».

« Actuellement, que vers l'agriculture se tournent de riches capitaux, soit pour l'administration annuelle, soit pour la bonification du sol, cette dîme représente une soustraction du profit qui serait dû à l'emploi du capital et qui, d'ailleurs, en est l'unique stimulant...

« C'est, du reste, ce profit qui, en avance sur les dépenses, constituerait un nouveau fond de production : qu'il vienne à manquer, et la production reste stationnaire (page 52). »

Or, qui oserait nier que ce que vous dites très justement de la dîme s'applique à la rente, au loyer, à toute partie du produit, quelle qu'elle soit et sous quelque forme que ce soit, contribuée par celui qui cultive à celui qui possède et ne cultive pas ? Le profit est « l'unique stimulant » à l'emploi du travail, comme à l'emploi du capital, et la soustraction que représente la part du produit prélevée par le propriétaire sur le producteur décourage et éloigne le travail, comme le capital. Cette partie du produit, d'un autre côté, qui va au propriétaire oisif et qui correspond à la rente, au loyer, à la différence entre la valeur *réelle* du travail agricole, ou la récolte, et sa valeur *nominale*, ou le salaire, est dépensée par lui improductivement le plus souvent, au lieu de former un nouveau fonds de production, ainsi qu'il arriverait si elle ne sortait pas des mains du producteur. Si donc la dîme doit être abolie, la rente, le loyer et ce mode de rétribution du travail qu'est le salariat, doivent être abolis également, et pour les mêmes raisons. Mais, alors, que restera-t-il de la propriété individuelle ?

Vous démontrez ensuite admirablement comment, telle qu'elle est définie par les divers Codes, c'est-à-dire « le droit de jouir et de disposer des choses de la façon la plus absolue, pourvu qu'on n'en fasse pas un usage défendu par les lois et les règlements », la propriété est non seulement contradictoire en soi (on donne et on enlève, on affirme d'une façon absolue et d'une façon absolue on nie), mais incompatible avec tout rapport économique, et comment, par suite, la propriété trouve en elle-même, dans les conditions de son efficacité, des « limites », au premier rang desquelles « l'expropriation pour cause d'utilité publique » :

« Aucune propriété n'existe par elle-même, indépendante, isolée, mais toutes en correspondance et en réciprocité entre elles, comme il apparaît clairement alors que l'on considère comment la propriété individuelle acquiert socialement tout son effet. Si donc *une propriété particulière empêche aux autres propriétés, particulières elles aussi, les conditions préservatrices et promotrices de la prospérité commune*, on devra bien la respecter en substance, mais on pourra exiger, d'autre part, qu'elle change d'objet et de forme, de façon à ce que toutes ensemble puissent atteindre leur fin commune. S'agit-il, par exemple, de construire une ligne de chemin de fer, si, pour ne pas porter la main sur certains terrains, le chemin de fer était rendu impossible, *le respect de cette propriété porterait préjudice à toutes les autres.* L'indemnité, il est vrai, n'indemnisera pas le propriétaire pour les affections, les traditions domestiques incorporées dans cette propriété (page 63).

« L'expropriation *préserve* la propriété... élève en règle de droit cette conciliation et ce contrebalancement d'intérêts et de forces qui, en même temps qu'ils répondent au bien public, permettent à l'économie de la nation de développer toute sa vertu (page 64). »

C'est ce qui s'appelle parler d'or. Mais qu'en résulte-t-il ?

C'est que si l'on porte et si l'on doit « porter la main sur tel immeuble », dont « le respect porterait préjudice à tous les autres immeubles », on peut et l'on doit également porter la main sur la monopolisation de la terre, du capital, des machines par quelques-uns qui, si elle était respectée, « porterait préjudice » au bien-être du plus grand nombre. C'est que, de même que si une propriété particulière « empêche » aux autres propriétés « les conditions préservatrices et promotrices de la prospérité commune », on l'exproprie avec raison, sans que ce soit attenter au droit de propriété, mais « le préserver » au contraire, de même, on peut et l'on doit exproprier — et pour les mêmes motifs — les instruments de production qui constituent aujourd'hui la propriété particulière d'une infime minorité, *parce que cette propriété* « *empêche* » *à la propriété de ceux qui ne possèdent que leurs bras* « les conditions préservatrices et promotrices de la prospérité commune », c'est-à-dire la possibilité pour tous de vivre largement de leur travail.

Ce n'est pas moi qui le dis — mais vous-même, l'économiste impénitent. Et de votre propre aveu, en agissant ainsi, on n'aura pas lésé, mais « préservé » le droit de propriété, — en quoi vous êtes encore d'accord avec les socialistes qui, par l'abolition de la propriété individuelle, ne veulent et n'ont jamais voulu que « préserver », que garantir le droit de propriété en l'universalisant.

LA COMMUNE

UN PEU D'HISTOIRE

Dans « l'exposé des motifs » de la contrefaçon d'amnistie qui vient d'être votée par la Chambre des députés et le Sénat, les « fédérés » de 1871 ne sont pas seulement représentés comme ayant « compromis l'existence de la République » — défendue et sauvée apparemment par la majorité des Baragnon, des Buffet et des de Broglie, qui s'apprêtaient dès lors à faire le 24 Mai.

Lorsqu'il y est fait mention du 18 Mars, c'est comme « d'une *insurrection que son nom, ses moyens d'action, les actes accomplis sous les yeux de l'étranger, son but, tout enfin dénonce comme l'un des crimes les plus grands qui aient été tentés contre la souveraineté nationale.* »

A vrai dire, peu nous importe ce que pense d'une Révolution dont l'histoire est tout entière à faire un gouvernement dont les membres ont tous ou presque tous voté des « remerciements aux armées de terre et de mer » qui venaient de fusiller Duval, Millière, Tony-Mollin, etc. Mais pour Paris qui nous lit, pour la France et l'Europe dont le siège n'est pas fait, il ne sera peut-être pas inutile d'étudier successivement *le nom, les moyens d'action, les actes et le but* de cette commune, aussi fusillée et calomniée que peu connue.

Ce que faisant — est-il besoin de le dire ? — nous

n'entendons nullement tenter une apologie, même indirecte, de la plus formidable explosion révolutionnaire de tous les temps, mais simplement élucider un point de fait dont l'importance peut être mesurée aux 1.300 et quelques Français que sa *méconnaissance* va maintenir hors de France ou dans les silos néo-calédoniens.

La Commune — Son nom

Pas plus que le successeur de M. Thiers, M. de Mac-Mahon, nous n'ignorons que dans toutes les dépêches officielles qui, du 18 mars au 31 mai 1871, se sont étalées sur tous les murs des 36.000 communes de France, les *communalistes* de Paris ont été systématiquement qualifiés de *communistes*. Pour notre part, le terme de *communiste* n'a rien en lui-même qui nous effraie. *Communiste* était Platon dans sa « République », qui vaut bien celle d'aujourd'hui. *Communistes,* les premières églises chrétiennes, dont le catholicisme qui prétend les continuer n'est que l'exploitation. Communiste, Campanella dans sa « Cité du Soleil » ; Thomas Morus dans son « Utopie » ; Babeuf et ses « complices » dans le manifeste et la conjuration des Egaux ; Blanqui dans ses héroïques prises d'armes, et Cabet dans ses généreuses et folles tentatives de rénovation sociale aux déserts transatlantiques. On ne saurait, d'autre part, indiquer aucune société, si individualiste soit-elle, qui ne renferme une certaine somme de *communisme,* ne fût-ce que les routes, les promenades publiques, les phares, etc...

Mais la vérité est qu'il ne s'agissait pas, en 1871, de communisme, mais de commune — ce qui est bien différent ; et que, *linguistiquement* parlant, la commune affranchie, libre, maîtresse de ses écoles, de sa police, de son budget, de son armée et de son administration, ne fait, ne peut faire de ses défenseurs — défenseurs à coups de fusil ou à coups de bulletin — que des communalistes.

Libertés communales, franchises communales, administration communale, autant de précédents *terminologiques* qui ne laissent planer aucun doute sur la validité et la portée de la rectification que nous devons tout d'abord faire au *lapsus calami* conscient et voulu de cet académicien qu'était M. Thiers.

Autant, en effet, le mot de communisme épouvante à bon droit notre bourgeoisie qui monopolise les avantages sociaux et n'entend « mettre en commun » que les charges sociales — impôts de sang et d'argent, que la noblesse d'avant 89 acquittait seule, au moins sous la forme de *sang* — autant le mot de « commune » n'éveille ou ne devrait éveiller chez elle que d'heureux et grands souvenirs.

N'est-ce pas comme communes que, dans tout le moyen âge, où elle n'était *rien*, elle s'est affirmée contre les seigneurs de la terre et de l'épée ? La commune affranchie des redevances féodales, mise insurrectionnellement ou par charte royale à l'abri des brigandages seigneuriaux, a été, du XIIe au XVe siècle, à la fois le refuge du Tiers-Etat et son moyen d'action le plus puissant pour préparer son émancipation politique, qui devait être consommée, couronnée et consacrée par les derniers Etats-généraux transformés révolutionnairement en Assemblée nationale constituante.

Il est vrai qu'entre les communes du moyen âge et la Commune de 1871, une autre Commune s'est produite, la Commune de Paris, de 1791, 92 et 93, et qu'à cette Commune intérimaire on est convenu d'attacher — depuis qu'elle a fait son œuvre et sauvé la Révolution — « les plus mauvais souvenirs de notre histoire ».

Mais ces souvenirs — qui pourrait le contester ? — sont surtout, pour ne pas dire exclusivement mauvais, pour les ordres privilégiés auxquels s'est substitué le Tiers ; pour les émigrés de l'intérieur, dont l'énergie de cette Commune purgeait les Tuileries au 10 Août ; pour les émigrés de l'extérieur, soutenus par les armées de la coalition, qu'elle terrorisait aux journées de Septembre, en attendant de les écraser sur le champ de bataille par son Bouchotte, le véritable « organisateur de la victoire » ; et pour les Vendéens et autres chouans, qui rentraient sous terre devant son « armée révolutionnaire ».

La grande Commune de Paris, qui a été l'âme, le moteur, la chaudière — si je puis m'exprimer ainsi — de la grande Convention admirée de Berryer lui-même, a été, de l'aveu de M. Thiers, le plus puissant instrument de salut de la Révolution qui a fait de la bourgeoisie la classe possédante, dirigeante et maîtresse d'aujourd'hui. Et, en admettant que ce fut à elle plus qu'aux communes des XIIe, XIIIe, XIVe et XVe siècles que la Commune du 18 mars eût pris son *nom*, nos bourgeois-gouvernants de l'heure présente seraient les derniers à pouvoir lui faire « un crime » de ce *nom*.

Il n'en est d'ailleurs pas ainsi, et s'il s'est rencontré dans les élus du 28 mars 1871 des néo-jacobins et des néo-hébertistes, le plus grand nombre se rattachaient à la commune bourgeoise de l'ancien régime, qui, se présentant dans l'histoire comme l'instrument de l'affranchissement politique du Tiers-Etat, leur paraissait pouvoir et devoir devenir l'instrument de l'affranchissement économique du Quatrième Etat ou prolétariat.

De là l'immobilité des bataillons fédérés le lendemain de leur victoire du 18 mars — ce que, parmi les vaincus, on a appelé plus tard « la grande faute du Comité central ». De là la proclamation du 6 avril aux départements, dans laquelle on lisait : « On vous trompe en vous disant que Paris veut gouverner la France et exercer une dictature qui serait la négation de la souveraineté nationale... Paris n'aspire qu'à conquérir ses franchises communales... Si la Commune de Paris est sortie du cercle de ses attributions, c'est à son grand regret, c'est pour répondre à l'état de guerre provoqué par le gouvernement de Versailles... Paris n'aspire qu'à se renfermer dans son autonomie, plein de respect pour les droits égaux des autres communes de France. »

Toujours trompés et dupés par une représentation nationale centrale placée en dehors, non seulement de leur action mais de leur contrôle par l'interdiction du mandat impératif et par la fiction constitutionnelle qu'une fois nommé le mandataire n'appartenait plus à ses mandants, mais à la France entière, les travailleurs s'étaient dit que c'était seulement dans la commune, dans le milieu particulier où ils vivaient, que devait être transporté le siège de leur représentation, pour que cette représentation devint aussi sérieuse et aussi effective qu'elle avait été dérisoire jusqu'alors. Paris, ensuite, essentiellement industriel, dont l'émancipation politique et philosophique était faite, se présentait avec d'autres besoins, d'autres intérêts, une autre manière de voir sur quantité de questions que nombre de départements restés agricoles, en proie à l'ignorance et à la superstition ; et ce que voulaient les communalistes, ce qu'ils attendaient de leur commune maîtresse d'elle-même, c'était la satisfaction de ces intérêts, de ces besoins spéciaux.

De là le *nom* de « Commune », qui se trouva un moment dans toutes les bouches, que personne n'eût la peine ou le mérite d'inventer, qui fut l'expression spontanée des revendications de ce Monsieur-Tout-le-Monde, qui a plus d'esprit que Voltaire, de l'avis de Voltaire lui-même.

S'il constitue « un crime », « le plus grand des crimes », pour M. Le Royer et autres ministres de la République autoritaire et monarchique de 1879, il faut avouer que les auteurs de notre Code pénal ont commis le plus impardonnable des oublis en ne le faisant pas figurer entre l'assassinat et le parricide.

Et il était permis d'espérer que, consommé insciemment — puisqu'il n'était prévu et puni par aucun article de nos lois — un pareil « crime » serait jugé suffisamment réprimé par les vingt-cinq mille exécutions sans jugement, les trente-huit mille *empontonnements* et les dix mille condamnations contradictoires ou par défaut qui constituent depuis huit ans « le châtiment au nom des lois et par les lois », déclaré par le petit Thiers seul digne « d'honnêtes gens. »

La Commune — Ses Moyens d'action

Les « moyens d'action » que l'on impute à « crime » à la Commune, ont été de deux sortes :

Il y a eu le moyen électoral, le bulletin de vote mis dans les mains des Parisiens par leurs maires officiels, auxquels s'étaient joints, pour la circonstance, leurs représentants à l'Assemblée.

Il y a eu ensuite, — lorsqu'au lieu d'accepter le fait accompli, de s'incliner devant l'expression de la souveraineté nationale parisienne, l'Assemblée de Versailles ne voulant pas pactiser avec ce qu'elle nommait une émeute et ce qui était bel et bien une révolution, en appela à la force, au canon, à « la plus belle armée que la France ait jamais possédée, » — il y a eu la force, le canon, les bataillons de la garde nationale fédérée, — le moyen militaire.

Que ce dernier moyen fut « criminel », ainsi que le prétend l'exposé des motifs des ministres de M. Grévy, c'est ce que nous n'avons — et pour cause — ni à confirmer, ni à contester.

Un fait certain et indéniable en revanche, c'est que ce moyen, « criminel » ou non, ceux-là mêmes qui le condamnent si formellement aujourd'hui l'ont employé à diverses reprises.

Ils l'ont employé en 1830, — M. Grévy tout le premier, si j'en crois tous ses biographes, — et loin de le tenir pour « criminel », comme il avait été employé avec succès, il fut déclaré, non pas « criminel », mais justicier et libérateur.

Ils l'ont employé en 1848 — et, pour la même raison qu'en 1830, comme il fut couronné par le succès, il fut déclaré, non pas « criminel », mais justicier et libérateur.

Ils l'ont employé ou essayé de l'employer en 1851 — et malgré qu'il échouât, il n'en fut pas moins proclamé héroïque hors de France et dans la partie de la France qui ne capitula pas devant le Coup d'Etat victorieux.

Ils l'ont employé en 1870, — et de nouveau le but que l'on visait ayant été atteint, malgré cette fois les protestations de M. Grévy, il fut baptisé « vengeur de la morale publique, restaurateur de la liberté française. »

Ce qui ne veut pas dire qu'il ne constitue pas un « crime » ; — « crime » il était, et « crime » il est demeuré pour la Légitimité, l'Orléanisme et le Bonapartisme, contre lesquels il a été employé successivement et heureusement — mais ce qui veut dire que ce « crime » les révolutionnaires du 18 Mars n'ont été ni les premiers, ni les seuls à le commettre, et qu'à moins de vouloir le monopoliser à leur profit, en faire un privilège en leur faveur, les révolutionnaires de Juillet comme M. Grévy, les révolutionnaires du 24 Février comme M. Jules Favre et M. Crémieux, et les révolutionnaires du 4 Septembre comme M. Ferry ne sauraient le reprocher à leurs successeurs et imitateurs, à ceux qui n'ont fait, en réalité, que leur emprunter leurs fusils et relever leurs barricades.

Oui, cela est vrai, la Commune a, sinon ouvert, du moins soutenu le feu contre l'armée française.

Mais, nous le répétons, c'était aussi sur l'armée française que les combattants des « Glorieuses » ont tiré avec leurs fusils d'insurgés, comme c'était un capitaine de cette armée qui, dans la retraite sur Saint-Cloud, d'après le récit d'Alfred de Vigny, tombait à Passy sous le pistolet *chargé à balles* d'un gamin de treize ans.

Française également l'armée qui a été décimée, les 23 et 24 Février, par les balles citoyennes de la garde nationale et du peuple des faubourgs.

Française, encore et toujours française, l'armée contre laquelle Baudin appelait — vainement — aux armes les « blouses » désarmées et dégoûtées depuis Juin.

Les « moyens d'action » de la Commune — les moyens violents — ont donc été les moyens violents de toutes nos révolutions. Et ce n'est pas parce que la poudre a parlé pendant deux mois, parce qu'au lieu de durer trois jours la bataille s'est prolongée huit grandes semaines ; ce n'est pas surtout parce que toute cette dépense de sang a été inutile, que la Révolution du 18 Mars peut être plus « criminelle », en tant que moyens, que les révolutions qui l'avaient précédée.

Ce qui distingue la Commune — toujours en tant que moyens d'action — veut-on le savoir ?

C'est que l'épaulement des fusils a été précédé du dépouillement des votes ; c'est qu'avant d'être donnée aux canons, la parole avait été donnée aux urnes ; c'est que la bataille, au lieu d'être la préface, a été la suite, la servante du scrutin.

Le suffrage universel consulté, interrogé, appelé à donner à la fois une base et une direction à l'action insurrectionnelle, telle est la caractéristique du 18 Mars, ce qui lui assigne, en même temps qu'une figure, une place à part dans notre histoire révolutionnaire.

Mais ce trait particulier, loin d'aggraver, ne diminue-t-il pas la responsabilité — je parle de la responsabilité légale — des hommes engagés dans le mouvement, en étendant cette responsabilité du Comité central et de ses adhérents aux maires et aux députés qui ont pris sur eux de convoquer le peuple de Paris dans ses comices et de lui fournir ainsi contre Versailles une arme dont la légalité ne devait pas faire doute pour la masse ?

Remarquez que je ne tranche pas la question — très secondaire pour moi, mais d'une portée considérable pour les partisans à outrance de la légalité, quelle qu'elle soit. Je me contente de la poser, ou si l'on aime mieux, de l'opposer à l'affirmation de l'exposé des motifs que, dans ses moyens d'action, la Commune aurait été « le plus grand des crimes », ce « crime » se trouvant de la sorte partagé par plusieurs des hommes qui sont des puissances dans la République du moment.

La Commune — Ses Actes

Quoique l'exposé des motifs, que la Chambre des députés a fait sien, ainsi que le Sénat, en en adoptant les conclusions, parle des « actes accomplis sous les yeux de l'étranger », nous n'avons pas conservé ce sous-titre, et pour deux raisons :

La première, c'est que la Révolution du 18 Mars 1871 n'est pas la première qui ait été « accomplie sous les yeux de l'étranger ». La Révolution du 4 Septembre 1870 ne s'est pas opérée sous d'autres auspices, — avec cette différence cependant, qui ne me paraît pas une atténuation, qu'en 1870, lorsque les Jules Favre, les Ferry et autres Simon se décidèrent à sortir de la légalité impériale pour rentrer dans le droit républicain, les canons de « l'étranger » tiraient à toute volée sur la France et sur Paris, pendant qu'en 1871, lorsque les Varlin, les Vermorel, les Malon, etc... furent amenés à sortir d'une légalité sans nom, pour rentrer dans le droit ouvrier et socialiste, ces mêmes canons de l'étranger se trouvaient encloués par la paix signée à Versailles et ratifiée à Bordeaux.

La seconde, c'est que les actes de la Commune n'ont pas été les seuls qui aient eu l'étranger comme témoin. Ceux de Versailles étaient absolument dans le même cas — à commencer par la tentative nocturne contre l'artillerie de Montmartre qui a été le signal du mouvement. Et, en admettant que la présence des Prussiens constituât une aggravation, cette aggravation existait pour les deux parties — ce qui permet de la négliger.

Pour apprécier sainement, sincèrement, disons le mot : *honnêtement,* les « actes » de la Révolution communaliste, il convient de les diviser, de les répartir en trois périodes :

1° Du 18 mars à l'élection de la Commune ;

2° De l'installation de cette dernière (28 mars) à sa dissolution *de facto* par l'entrée des troupes de Versailles ;

3° Du 22 mai à la prise de la dernière barricade rue Fontaine-au-Roi, le vendredi 26.

Or, du 18 au 28 mars, pendant ce qu'on a appelé le règne du Comité central, on ne relève qu'un seul acte, l'exécution des généraux Clément Thomas et Lecomte, opérée dans l'après-midi du 18, c'est-à-dire en pleine crise, sinon en pleine lutte. Et cette exécution populaire, dès leur première proclamation, les membres du Comité central se défendent de l'avoir ordonnée. Leur dénégation, — absolument désintéressée alors — est d'ailleurs confirmée par le témoignage peu suspect de MM. Lannes de Montebello, de Douville-Maillefeu (aujourd'hui député) et autres prisonniers du Comité qui attestaient dans un procès-verbal en date du 18, et qui devaient plus tard maintenir devant le conseil de guerre, que « le Comité central avait fait tout ce qui était en son pouvoir » pour sauver les deux peu intéressantes victimes.

La Commune, elle, s'est installée à l'Hôtel de Ville le 29 mars, et jusqu'au 22 mai qu'elle devait tenir sa dernière séance — c'est-à-dire pendant près de deux mois qu'elle a été maîtresse absolue de Paris — on peut mettre au défi le plus éhonté de ses détracteurs d'invoquer contre elle je ne dis pas le moindre meurtre, mais la moindre exécution.

Huit semaines durant, ces communards ou « assassins » ont eu au bout de leurs fusils une population de deux millions d'hommes, dont un quart au moins complices, plus ou moins directs, des « ruraux », et pendant ces huit semaines, pas un seul cheveu n'est tombé de la tête de personne. Que dis-je ? ils ont été jusqu'à pensionner les femmes et les enfants des sergents de ville et des gendarmes qui assassinaient leurs prisonniers.

La Commune, il est vrai, dans sa séance du 5 avril, a voté le décret sur les otages ; mais, lorsque « pour défendre l'honneur et la vie de deux millions d'habitants qui avaient remis entre ses mains le soin de leurs destinées », elle fut amenée à décider que « toute exécution d'un prisonnier de guerre ou d'un partisan régulier de la Commune de Paris serait sur le champ suivie de l'exécution d'un nombre triple d'otages », a-t-on oublié à quels actes de ses adversaires elle entendait ainsi mettre fin ?

Le 3 avril, après le combat de Châtillon et de Fontenay-aux-Roses — c'est une dépêche de l'état-major prussien aux autorités militaires de Berlin qui l'apprenait à l'Europe — « les prisonniers parisiens avaient été *fusillés sur le champ* ».

Le même jour, à Chatou, où l'on ne s'était pas battu, mais où avaient pénétré quelques gardes nationaux, le général de Gallifet — c'est le *Gaulois* du 5 qui le rapporte — avait « surpris et passé par les armes un capitaine du 175e bataillon, un sergent et un garde ».

« Le 4, après la capitulation de la redoute de Châtillon — je laisse la parole au même journal — au moment où les gardes nationaux se rendirent, on découvrit au milieu d'eux un homme tout chamarré qui déclara se nommer le général Duval. Quelques instants après il était fusillé, ainsi qu'un officier d'état-major et un commandant. Le reste des hommes qui ont été passés par les armes séance tenante, et qui sont sept ou huit, avaient été reconnus pour appartenir à l'armée. »

Ainsi, de l'aveu de la presse versaillaise, lorsque la Commune essayait de faire à ses défenseurs un bouclier des Versaillais arrêtés et emprisonnés dans la sphère de son action, il y avait trois jours que, sans avis préalable, au gré d'un Vinoy et d'un Gallifet, les « fédérés » prisonniers et désarmés étaient exécutés comme on assassine ; il y avait trois jours que, dans le sang de Duval ainsi tué, M. le général Vinoy avait ramassé la grande chancellerie de la Légion d'honneur.

Est-ce assez clair ? Et quel est l'homme qui, en présence de ces cadavres faits et avoués par Versailles, oserait imputer à « crime », aux élus de l'Hôtel-de-Ville. une mesure de pure défense ?

Ce décret ensuite, dont on a mené si grand tapage et qui devait entraîner la condamnation à mort de M. Ranc, est resté lettre morte pendant les sept longues semaines qu'a duré le gouvernement communaliste, — et ce malgré les nouvelles exécutions sommaires de prisonniers, opérées en avril et mai à Clamart, au Moulin-Saquet, à Courbevoie, à la Belle-Epine, etc...

Un autre « acte » de la Commune, que ses vainqueurs de tous les degrés devaient transformer en « crime » pour la justification de leurs massacres d'abord, et de leur refus d'amnistie ensuite, est le décret en date du 12 avril portant « démolition de la colonne impériale de la place Vendôme ».

Ce n'était cependant pas la première fois que ce

« monument de nos gloires passées » était décrété de « déboulonnement ».

Soixante-six ans auparavant, on avait pu voir s'atteler à sa chute le royalisme blanc rentré en France en croupe des cosaques et des uhlans ; et ce que voulaient ces premiers « déboulonneurs », c'était faire leur cour, donner satisfaction à leurs « bons amis nos ennemis » ; c'était renier et biffer dans la mesure du possible non seulement les victoires agressives de l'Empire, mais encore et surtout les victoires de la Révolution défensives du sol national. Tandis que le but de la Commune — tel qu'il résulte des termes mêmes de son décret — était d'affirmer le principe de la fraternité humaine.

« Considérant — disait le décret — que la colonne impériale de la place Vendôme est un monument de barbarie, un symbole de force brute et de fausse gloire, une affirmation du militarisme, une négation du droit international, une insulte permanente des vainqueurs aux vaincus, un attentat perpétuel à l'un des trois grands principes de la République française, la fraternité, la colonne de la place Vendôme sera démolie ! »

Mais, comme il s'agissait dans le premier cas du parti du trône et de l'autel, des souteneurs de la famille et de la propriété, ce qui était réellement un crime de lèse-patrie passa absolument inaperçu : pendant que dans l'autre cas, comme il s'agissait de républicains, de socialistes, ce qui n'était et ne pouvait être qu'un solennel hommage aux droits de l'humanité, à la paix entre les nations, devint un crime de lèse-patrie, que dis-je ! la preuve de la complicité des communalistes avec nos vainqueurs à aiguille de 1870.

C'est ainsi que des républicains mêmes écrivent l'histoire, l'histoire d'aujourd'hui ; car l'histoire de demain, la vraie, dira, qu'on en soit sûr, que le renversement de la colonne Vendôme, dans les conditions où il s'est opéré, sous le nez et à la barbe des armées prussiennes, était le plus sanglant soufflet qui pût être infligé aux victoires impériales et royales du nouveau Guillaume-le-Conquérant.

Pas un des termes du décret communaliste qui ne fut un coup de massue dans cette hégémonie, dans cette *primauté* que l'Allemagne césarienne prétendait avoir ramassée sur les champs de bataille de nos désastres et de ses triomphes.

Stigmatiser la gloire « militaire », la proclamer « fausse », s'en défendre comme d'un attentat — et ce à la face des de Moltke et autres *lauréats* de Metz, de Sedan, de Paris, c'était les dépouiller de la gloire dont ils se croyaient couverts pour nous avoir enlevé à la force de lenrs canons d'acier deux provinces et cinq milliards.

Rayer des titres de la France à l'estime et à l'admiration du monde civilisé les batailles qu'elle avait pu gagner dans le passé ; faire des gros sous des canons de toutes les nations qui en avaient été le fruit, c'était ruiner par sa base et déboulonner à l'avance — du moins moralement — l'autre colonne également impériale que du bronze de nos canons, livrés plutôt que conquis, on s'apprêtait d'ores et déjà à édifier à Berlin.

Et qu'on ne s'avise pas de prétendre qu'il n'est si mauvaise cause qui ne puisse être défendue après coup, que nous prêtons à la Commune de Paris une pensée qui n'a jamais été celle de ses membres, ou l'on nous obligera, après avoir reproduit l'exposé des motifs si catégorique du décret du 12 avril, d'emprunter à « l'adresse du Conseil général de l'Internationale sur la guerre civile en France », ce passage de nature à clore le débat pour tout esprit non prévenu :

« En jetant bas la colonne Vendôme, en vue de « l'armée prussienne qui venait d'annexer à l'Allemagne « deux provinces françaises, la Commune annexait à la « France le peuple travailleur du monde entier. »

D'autres monuments ont été sinon démolis, du moins voués à la démolition par la Commune : c'est la Chapelle dite expiatoire ; c'est le monument du général Bréa.

Mais on n'attend pas de nous la justification d'une double mesure qui ne justifie pas son énoncé même.

Fille de la Révolution de 93, la Révolution du 18 Mars ne pouvait pas sans parricide laisser subsister à la mémoire et en l'honneur du roi traître et parjure, de l'allié de Brunswick, du complice de la conjuration de Pilnitz, justement condamné et exécuté, une chapelle qui était une véritable apologie en pierre d'un fait qualifié crime par la loi universelle.

Première expression gouvernementale du prolétariat parisien, la Commune eût manqué à tous ses devoirs, déserté ses électeurs et abdiqué, si elle n'avait pas mis la pioche dans une bâtisse qui, par le plus odieux des mensonges historiques, transformait en fusilleurs les fusillés ouvriers de Juin.

Je laisserai également de côté — et pour la même cause — la démolition de l'hôtel Thiers. Lorsque les élus de l'Hôtel de Ville se décidèrent à cette « représaille », il y avait plusieurs semaines que, sous les obus du Mont-Valérien et sur l'ordre de M. Thiers, des centaines de maisons sautaient en l'air chaque jour avec les femmes et les enfants qui les occupaient.

Ce n'était pas, ensuite, la première fois qu'on voyait

une République raser la demeure d'un citoyen coupable d'avoir porté le fer et le feu au sein de la patrie.

L'histoire de Rome, de Florence, de Gand et autres communes de tous les temps abonde en précédents de cette nature. Et pour agir comme elle l'a fait, la Commune de Paris n'a eu qu'à se souvenir.

Nous voici arrivés à la troisième et dernière période de la Révolution communaliste. La Commune, gouvernement dont nous avons exposé les principaux « actes », les actes les plus « criminels », est chassée de l'Hôtel de Ville et éparpillée dans tous ses membres derrière les barricades de quartier, seuls remparts contre l'invasion de l'armée versaillaise.

Varlin, Protot, Ferré, etc... sont à la tête de leurs bataillons. Il n'y a plus d'assemblée, plus de gouvernants ; il ne reste que des combattants ou des hommes qui, comme Delescluze, iront sans armes au-devant de la mort voulue et cherchée.

C'est alors que se produisent, qu'éclatent ces « actes » dont la réaction tricolore devait user et abuser contre les vaincus ; j'ai nommé les exécutions et les incendies.

Personne ne me prêtera un seul instant l'intention de défendre l'exécution *in extremis* de soixante-huit otages, sur les milliers que renfermaient les prisons de Paris. C'est de cet acte qu'on peut dire qu'il était plus qu'un crime, une faute.

Autant pendant les deux mois de la lutte on aurait compris que, pour sauvegarder la vie de ses prisonniers, pour mettre fin à des massacres de blessés, qui indignaient jusqu'à l'abbé Deguéry, la Commune fit un exemple et appliquât son décret, mais solennellement, au grand jour de la place publique ; autant, Paris à moitié occupé et définitivement vaincu, la mise à mort d'un seul otage devenait plus qu'inutile, dangereuse au premier chef en fournissant un prétexte aux tueries de l'Ordre, qui s'opéraient — et qui devaient naturellement redoubler.

Mais tout d'abord il convient de remarquer que la Commune n'est pour rien dans ces exécutions de la dernière heure. Les calomniateurs les plus effrontés du mouvement communaliste, M. Jules Simon en tête, ont dû reconnaître que les quelques membres de la Commune, qui ont été témoins involontaires de ces meurtres, s'y sont opposés de toutes leurs forces, risquant leur vie pour sauver celle des victimes.

Ce qu'il importe de ne pas oublier. non plus, ce sont les conditions dans lesquelles les otages sont tombés sous les balles populaires. La garde nationale n'est pas une armée ; organisés par quartier, sinon par rues, les bataillons, les compagnies fédérées dont tous les membres étaient plus ou moins voisins et amis, sinon parents, constituaient comme autant de familles. Or, lorsque le 24 mai les survivants des barricades d'Auteuil, de Passy, des Champs-Elysées, etc... se portèrent à la Roquette pour en extraire MM. Bonjean, Darboy et autres, ils avaient vu depuis le lundi 22 — c'est le *Times* qui en fait foi — massacrer tous ceux des leurs qui étaient tombés aux mains des troupes. Le sang d'un fils, d'un frère, d'un camarade d'atelier dont le cadavre troué de balles était encore devant leurs yeux, les aveuglait ; selon une expression populaire, mais caractéristique, ils *voyaient rouge*, et ce qui, pour des esprits rassis, à distance, apparaît et ne peut apparaître que comme une tache de sang, se présentait à eux comme une représaille, je ne dirai pas légitime, mais naturelle.

De là ce fait — rapporté par tous les historiens de

cette époque et qu'on ne saurait s'expliquer autrement — que c'était parmi les fédérés à qui ferait partie du peloton d'exécution ! Tous avaient le meurtre d'un des leurs à venger.

A propos de ces six exécutions de la Roquette, qui devaient être suivies, le 25 et le 26, de 62 autres, le *Figaro* et autres agents provocateurs de fusillades sommaires n'ont pas craint d'évoquer les massacres de septembre 1793. Mais pour qui est capable d'un jugement droit, quelle différence entre ces deux ordres de faits, non seulement au point de vue du nombre des victimes, mais encore et surtout au point de vue des événements qui les ont provoqués ! Lors de la révolution bourgeoise de la fin du dernier siècle, l'ennemi pouvait menacer, mais n'avait pas frappé. Aucune des sauvages mesures de Brunswick n'avait pu être mise à exécution, et c'était, par suite, de sang-froid, gouvernementalement et préventivement, que les prisons furent vidées au profit de la fosse commune. En 1871, au contraire, lors de l'agonie de la Révolution prolétarienne, il y avait des semaines que les fédérés étaient massacrés au jugé et en masse, lorsque l'exapération transforma quelques-uns d'entre eux en massacreurs.

Et pourtant les journées de Septembre n'ont pas été longues à sortir de la région des « crimes » pour entrer dans celle des faits historiques, puisque, déjà sous les Bourbons restaurés, M. Thiers pouvait les rattacher à la victoire de Valmy, les mettre en première ligne des mesures libératrices du sol national, sans qu'il soit venu à personne l'idée d'y voir l'apologie d'un fait qualifié crime ou délit. Alors qu'aujourd'hui, trois ans après la disparition de l'Assemblée élue « dans un jour de malheur », c'est à peine s'il est permis d'évoquer, de ressusciter les horreurs de Paris, pris d'assaut par une armée française, pour expliquer comme quoi les Parisiens qui, couverts du sang des leurs, se portèrent aux extrémités que nous sommes les premiers à déplorer, n'étaient peut-être pas de vulgaires assassins, ce que M. Le Royer appelle des « criminels de droit commun. »

Il n'en sera sans doute pas toujours ainsi ; un jour viendra — et plus prochainement que ne le voudraient bien des gens — ou pour les actes révolutionnaires de 1871, l'histoire cessera d'être justiciable de la police correctionnelle, et où il sera possible de tout dire. Mais, pour l'instant, il faut nous borner à constater trois choses :

La première, c'est que si la justice populaire de la Révolution se solde par *soixante-huit* cadavres, c'est par *vingt-cinq* ou *trente mille* que se chiffre la justice militaire de l'Ordre. « Les rues de Paris sont jonchées de leurs cadavres », écrivait le généralissisme Thiers, qui n'avait soufflé mot — et pour cause — des cadavres qui jonchaient depuis longtemps la route de Versailles.

La seconde, c'est que les exécutions communalistes des 23, 24, 25 et 26 mai avaient été précédées et provoquées par les exécutions versaillaises des 3, 4, 6, 8, 14, 16 et 25 avril, et des 1er, 5, 10, 13, 22 et 23 mai.

La troisième, c'est que contrairement à ces dernières, qui ont eu lieu par système, sur l'ordre exprès des « dirigeants » militaires et politiques de Versailles, les autres, celles de Paris, ont eu contre elles, ont rencontré en travers d'elles la protestation et les poitrines de ce qui pouvait rester de la Commune.

Ce qui est peu, incontestablement, en comparaison de ce qui pourra s'écrire un jour, mais ce qui, nous l'espérons, du moins, paraîtra suffisant à beaucoup.

Après les exécutions — les incendies ; ces incendies qui, considérablement augmentés par les dépêches thiéristes, ont pu reporter un moment la pensée départementale à ces paroles célèbres (qualifiées d'héroïques par tous les historiens) de la Commune de Gand à ses derniers défenseurs : « Allez, et si vous ne revenez pas ou que vous reveniez déconfits, *nous boutrons le feu partout !* » mais qui, en dernière analyse, se réduisent à peu de chose si l'on considère, comme il convient, qu'ils sont loin de revenir tous aux communalistes, et qu'ils représentent trois espèces, trois catégories différentes :

Il y a eu des incendies voulus, prémédités et ordonnés, non pas par la Commune emportée dans la bataille, mais par certains membres de cette Commune dispersée.

Il y a eu ensuite les incendies que j'appellerai stratégiques, nécessités par la défense.

Il y a eu enfin les incendies allumés par les fusées incendiaires et les boulets rouges de M. de Mac-Mahon, et ceux — absolument privés — dont tous les Prieurs de la Combe sont loin d'avoir été découverts.

Mais avant de passer aux incendies n° 1, c'est-à-dire à ceux qui ont été une affaire de principe pour la Révolution républicaine et socialiste du 18 Mars, il est impossible de ne pas faire observer que, de même que l'initiative des exécutions sommaires, l'initiative des incendies était partie de Versailles, et que Paris n'a fait que suivre.

Le 8 avril (voir *Le Moniteur Universel* du 9), c'était « le restaurant Gillet, nouvellement réparé, qui était *incendié* à l'aube du jour » ? — Par quoi ? par « les obus de Mont-Valérien, et des batteries de Courbevoie et du pont. »

Le 24 du même mois (voir *Le Siècle* du 25), c'est un « incendie qui se déclare au château de l'Etoile » : allumé par qui et par quoi ? Par « l'un des derniers obus de Versailles, lancé le matin avant la suspension d'armes. »

Le 27 (voir *Le Siècle* du 28), c'est un autre « incendie qui se déclare à Neuilly » par le fait des mêmes obus.

Le 30 (voir *Le Progrès de Lyon* du 5 mai, correspondance du 1er mai), c'est un nouvel incendie qui « éclate dans la rue des Acacias et dévore un vaste chantier », « incendie causé par les obus des batteries versaillaises. »

Le même jour (voir *Le Siècle* du 1er mai) « incendie à la barrière de l'Etoile, qui, propagé par le vent, atteint des proportions formidables. »

Le 2 mai (voir *La Liberté* du 3), « un *incendie* considérable éclaire très vivement l'horizon de huit heures à neuf heures et demie. L'incendie avait été allumé dans la direction des Ternes par des projectiles lancés à la fois du Mont-Valérien et de la redoute de Gennevilliers. » « *Nous croyons* — c'est le journal bonapartiste qui parle — *que ces projectiles étaient* DES FUSÉES INCENDIAIRES ; car, placé à courte distance du Mont-Valérien, nous n'entendions aucune détonation. Arrivé à l'extrémité de sa trajectoire avant de toucher les maisons, le projectile éclatait en flammèches longues et nombreuses, et *leur chute était suivie d'une recrudescence de l'incendie.* »

Aux Ternes (voir *Les Droits de l'Homme* du 11 mai, corresp. particulière), « les obus envoyés par les Versaillais ont allumé *un incendie qui a brûlé* TRENTE MAISONS. A Neuilly, *autre incendie qui a anéanti une* DIZAINE DE MAISONS ENVIRON. »

Le 3 mai (voir *Le Progrès de Lyon* du 4, correspondance de Versailles), « *les Ternes ont été détruits aux trois quarts par un incendie allumé par le Mont-Valérien.* »

Le 4 (voir le bulletin signé : Rossel), « *le château d'Issy est incendié* à trois heures. »

Le 10 mai (voir *Le Siècle* du 11), « une lueur rougeâtre illuminait le ciel dans la direction de Clamart ; c'étaient les bâtiments du fort de Vanves qui continuaient à brûler *sans que les fédérés fussent en état d'apaiser le feu, car les batteries de Châtillon tiraient précisément contre le foyer de l'incendie.* »

Le 11 (voir le *Gaulois* du 12), « du Mont-Valérien on apercevait la lueur de *trois incendies* qui se sont déclarés à Auteuil par suite du feu de Montretout. »

Le 17 (voir le *Patriote*, d'Angers), « à 4 heures du matin, des BOULETS ROUGES, lancés par les Versaillais, s'abattaient sur Auteuil et Passy. »

Ce même jour (voir le *Moniteur Universel* du 18), « du haut de la terrasse de Saint-Germain on voyait dans la direction du Point-du-Jour *un incendie considérable !!!* »

Ainsi, Versailles — ce sont ses journaux qui en font foi — en était à son centième *incendie* au minimum, lorsque, du côté de la Commune, le feu fut mis sciemment, systématiquement, aux Tuileries et à l'Hôtel de Ville, c'est-à-dire au palais qui était l'expression séculaire, l'incarnation en pierre de la royauté, de l'idée monarchique, et à la « Maison Commune » comme on dit en Suisse, qui, destinée à abriter les délégués à l'exécution des volontés populaires, n'avait jamais été, avant le 18 Mars, que le siège de l'exploitation et de la déception commune.

Oui, ces deux incendies — et ceux-là seuls — peuvent être mis avec vérité à la charge de la Révolution de 1871, qui ne les a d'ailleurs jamais reniés ; mais ce n'était pas la première fois que pour en finir avec des idées malsaines on s'en prenait à leur représentation extérieure, aux monuments qui les perpétuaient dans l'imagination populaire. En *flambant* les réceptacles de la domination monarchique et de la domination bourgeoise, le prolétariat communaliste ne faisait que suivre l'exemple, que marcher dans les pas du christianisme des premiers siècles qui, pour débarrasser le monde de ce qu'il appelait les « faux dieux » (comme s'il y en avait de vrais), pour tuer avec et dans le signe la chose signifiée, s'acharnait sur tous les temples, statues, etc., dont il ne laissait pas pierre sur pierre, sans se préoccuper des chefs-d'œuvre atteints par sa torche et par son feu.

Ce « vandalisme » de plusieurs siècles, qui fut d'abord l'effet spontané du zèle des adeptes de la nouvelle religion, fut ensuite, qui plus est, systématisé et transformé en lois et en mesures gouvernementales, aussitôt qu'avec Constantin le christianisme arriva au pouvoir : « ordre de détruire, raser les temples ; ordre de renverser en tous lieux les simulacres, les statues, les images ; de raser, d'extirper les autels, etc. » (1).

Et je ne sache pas que jamais — dans le parti de l'Ordre au moins — la moindre protestation se soit élevée contre ce système, moitié Eglise et moitié Etat, de rénovation religieuse et morale de l'univers romain.

Je ne m'arrêterai pas longtemps aux incendies n° 2 qui pour être, ceux-là aussi, le fait des fédérés, n'ont besoin ni d'explication, ni de justification, expliqués et

(1) Edgard Quinet : *Comment une religion finit.*

justifiés qu'ils ont été par les adversaires les plus acharnés de la Commune, par M. L. Jesierski entre autres, actuellement rédacteur du *National*, qui écrivait ce qui suit dans sa *Bataille des sept jours :*

« Sur certains points, les insurgés ont procédé dans une intention stratégique, afin de barrer le passage aux troupes victorieuses. Une barricade est forcée ; avant de l'abandonner, ses défenseurs mettent le feu aux maisons sur les deux côtés de la rue ; puis ils se replient sur la barricade suivante. Ce brasier empêche les soldats de tourner l'obstacle, il faut l'escalader par le milieu de la chaussée, droit sous les balles de l'adversaire, ou bien prendre par un lointain circuit ; l'alternative se résout par une perte d'hommes ou par une perte de temps. *A ce cas se rapporte l'incendie de la plupart des maisons particulières.* »

Un pareil aveu n'a pas besoin de commentaires.

Quant aux maisons particulières qui, en très petit nombre, ne rentrent pas dans ce cas simplement défensif, de même que pour le ministère des finances, les stocks de la Villette, etc., si l'on veut connaître les véritables incendiaires, qu'on réfléchisse à la pluie de fer et de feu dont l'artillerie de l'Ordre a couvert Paris du 22 au 28 mai ; qu'on lise et qu'on relise ces deux dépêches du *Siècle :*

« Le maréchal de Mac-Mahon a accordé aux combattants de Belleville deux heures pour réfléchir. Passé ce délai, *il devait faire tirer à* BOULETS ROUGES *sur leurs positions...* »

« Le maréchal de Mac-Mahon a exécuté sa menace « contre Belleville. Toute la nuit on a tiré *à* BOULETS

« ROUGES *sur le quartier. Un grand nombre de*
« *maisons sont en flammes.* »

Qu'on se demande quels hommes, quel parti, avaient intérêt à la disparition des Comptes avec leur Cour, de la Préfecture de police et de ses dossiers ;

Qu'on se rappelle le sieur Prieur de la Combe et sa façon toute bonapartiste d'appliquer le proverbe : le feu purifie tout ;

Que l'on songe enfin et surtout que sur les 36.000 *empontonnés* de juin-juillet et sur les 10.000 condamnés contradictoirement de 72-78, en pleine légende de pétrole, de pétroleuses et de pétroleurs, c'est à peine si une quinzaine ont pu être, je ne dis pas convaincus, mais frappés comme incendiaires ; et si, l'on n'est pas dénué de tout bon sens ou de toute justice, on devra reconnaître la vanité et l'odieux de ce rideau de flamme et de fumée que les vainqueurs ont essayé de tirer sur le programme et le but des vaincus.

(*La Révolution française*, 1879).

LE 18 MARS

Tous les efforts des radicaux bourgeois pour le réduire après coup à une simple affirmation républicaine ou à une revendication municipale — d'aucuns disent à un accès de fièvre *obsédionale* — n'empêcheront pas le 18 Mars d'être ce qu'il a été et ce qu'il deviendra toujours davantage :

1° Une révolution ouvrière continuant et complétant les journées de Juin 1848 et les insurrections lyonnaises des premières années du règne de Louis-Philippe ;

2° Une révolution économique ou sociale dont les racines plongent jusqu'à la fin du siècle dernier en pleine Conjuration des Egaux.

Le 18 Mars est presque exclusivement prolétarien. Pour ne rien dire de ses défenseurs anonymes recrutés en immense majorité dans les ateliers, le Comité central, qui est sa première sinon sa principale expression, ne se compose que de travailleurs manuels. L'uniforme de garde national peut recouvrir, il ne dissimule pas « la blouse » de ces gouvernants d'une semaine. Et si la Commune est moins exclusive, si la bourgeoisie s'y trouve représentée, c'est par ses « déclassés », par ses *prolétaires*, pourrait-on dire, journalistes et étudiants qui vivent de leur travail et dont l'activité cérébrale, comme l'activité musculaire de la classe ouvrière, est subordonnée dans son exercice et son application à un capital qui est possédé par d'autres. M. Louis Blanc, qui, dans son entrevue avec les délégués de Toulouse, reprochait aux élus de l'Hôtel de Ville, d'être « des inconnus pour la plupart », constatait, sans s'en douter peut-être, cet état de choses, comme ce colonel préposé aux exécutions du 43e bastion qui, avant de faire « abattre » un membre du Comité central, Lévêque, disait « d'un air goguenard » à ses soldats : « C'est un maçon et ça voulait gouverner la France ! » Oui, c'étaient des maçons, des relieurs, des cordonniers, c'est-à-dire une nouvelle couche sociale qui entrait en ligne, le Quatrième-Etat qui émergeait à coups de fusil.

Le 18 Mars est social ou socialiste dans son programme, même dans la partie de ce programme qui paraît au premier abord purement politique. L'autonomie communale qu'il fait mieux que de réclamer, qu'il prend et qu'il étend à tout, non seulement à l'impôt, mais à la justice, non seulement à l'instruction, mais à la force publique, cette autonomie absolue, qui a malheureusement fait illusion à beaucoup, n'est — il a pris soin de le déclarer — qu'un *moyen* destiné à quoi ? *à universaliser la propriété* (1).

L'outil à l'ouvrier, la terre à celui qui la cultive, lit-on dans une autre proclamation à l'adresse des départements.

Et pour que personne ne puisse en ignorer, au milieu et en dépit de la lutte qui absorbe tous ses efforts, la Commune de Paris, joignant les actes aux paroles, prendra des mesures comme celles-ci, qu'il importe d'autant plus de mettre en relief que leur portée paraît

(1) Déclaration au peuple français du 19 avril.

avoir échappé à quelques-uns parmi ceux-là même qui les ont votées :

Elle réduira à 6.000 francs par an le « maximum du traitement des employés aux divers services communaux » — ce qui était un premier pas, et un pas considérable, vers l'équivalence des fonctions et l'égalité des salaires.

Elle décidera « qu'aucune administration privée ou publique ne pourra imposer des amendes ou des retenues aux employés ou aux ouvriers », et elle interdira « le travail de nuit dans les boulangeries », rompant ainsi en visière au *laissez faire* bourgeois et intervenant entre le travail et le capital, non plus comme aujourd'hui au profit des capitalistes, mais au profit des travailleurs.

Comprenant enfin que la coopération n'est pas un moyen d'affranchissement, mais le résultat du capital restitué à ceux qui le mettent en valeur, elle appellera les chambres syndicales à constituer une commission ayant pour but :

« 1° De dresser une statistique des ateliers aban-« donnés, ainsi qu'un inventaire exact de l'état dans « lequel ils se trouvent et des instruments de travail « qu'ils renferment ;

« 2° De présenter un rapport établissant les condi-« tions pratiques de la prompte mise en exploitation de « ces ateliers, non plus par les déserteurs qui les ont « abandonnés, mais par l'association coopérative des « travailleurs qui y étaient employés :

« 3° D'établir un projet de constitution de ces sociétés « coopératives associées. »

C'est donc bien le *droit au capital*, le droit à l'instrument et à la matière de la production, et non plus seulement le *droit au travail*, qui a été affirmé —

incidemment, il est vrai — en pleine bataille, par la Commune de Paris trop avisée pour confondre 1870 avec 1848 et réduire les revendications ouvrières à la formule rudimentaire et incomplète d'il y a trente-deux ans.

Mais c'est surtout dans ses conséquences historiques, qui — ne l'oublions pas — plus que le programme et le personnel, caractérisent une *tentative révolutionnaire*, c'est surtout dans son *lendemain* qui dure encore, dans les espérances et les terreurs qu'il a éveillées d'un bout du monde à l'autre, que le 18 Mars a donné sa véritable mesure ouvrière et socialiste.

A peine le drapeau rouge, son drapeau, tombé dans le sang de son dernier soldat, que voyons-nous, en effet ? Ce drapeau ramassé et arboré par le prolétariat de tous les pays qui en fait son signe de ralliement. « Vive la Commune ! » Ce cri est à peine étouffé au Père-Lachaise sous une dernière décharge de mitrailleuses qu'il éclate plus nombreux et plus puissant que jamais au Nord et au Midi, à l'Est et à l'Ouest, poussé par l'universalité des travailleurs qui, en Allemagne, par exemple, se déclarent, par l'organe de Liebnecht et de Bebel, solidaires de leurs « frères de Paris », qui, en Suisse, en Belgique, etc., se lèvent pour empêcher l'extradition des « échappés » et qui partout fêtent à l'envi la date du 18 Mars comme ouvrant une ère nouvelle, l'ère de leur émancipation.

Que voyons-nous d'autre part ? Cette même date maudite, ce cri proscrit par les classes dirigeantes et possédantes de partout, lesquelles, si divisées qu'elles puissent être en matière de forme gouvernementale, qu'elles se réclament de la monarchie, comme en Allemagne, en Autriche et en Italie, ou de la République comme en Suisse, aux Etats-Unis et en France, se retrouvent unies et solidarisées contre ce qu'elles reconnaissent ainsi pour l'ennemi commun.

D'un côté, du côté de la Commune, tous ceux qui, à quelque nationalité qu'ils appartiennent, de quelque liberté politique qu'ils jouissent, sont les dupes ou les victimes de l'ordre économique actuel et en poursuivent le renversement ;

De l'autre, tous ceux qui bénéficient de cet ordre à un titre quelconque et entendent le conserver.

Ici, l'univers capitaliste ;

Là, l'univers prolétarien.

Et l'on voudrait qu'une révolution qui a ainsi bouleversé tous les partis politiques, ne laissant plus subsister dans le monde entier que deux classes en présence l'une de l'autre, ne soit pas une révolution de classe, *la vôtre*, ô travailleurs !

Allons donc !

Le 18 Mars vous appartient tout entier, comme 89 appartient au Tiers-Etat. Ou, plus exactement, le 18 Mars est votre 89 — qui commence.

(*L'Egalité*, 18 mars 1879).

LE 18 MARS EN PROVINCE

Combien ignorent — même en France — non seulement ce qu'a été, mais s'il a existé un mouvement communaliste en province, correspondant au mouvement de Paris et l'appuyant, soit matériellement, soit moralement !

C'est cette lacune — dont il serait trop long d'exposer les causes multiples — que je vais essayer de combler, non pas sans doute aussi complètement que le mériterait cette page très consolante de notre histoire révolutionnaire — il faudrait pour cela des volumes — mais suffisamment pour réduire à néant les calomnies intéressées d'après lesquelles l'explosion ouvrière de 1871 n'aurait pas dépassé les fortifications de l'ex-capitale et aurait été désavouée, condamnée par le reste du pays.

I

Ce n'est que le 20, le 21 même dans certains départements, qu'on apprit les événements du 18, c'est-à-dire l'attaque nocturne des canons de Montmartre, la résistance victorieuse de la garde nationale et la retraite à Versailles du gouvernement de MM. Thiers, Jules Favre, Ernest Picard, Jules Simon, etc.

Dans cette dépêche — véritable chef-d'œuvre de mensonge — l'exécution des généraux Clément Thomas et Lecomte qui, outre qu'elle s'expliquait amplement par les antécédents et la conduite présente des « victimes », n'était, en réalité, qu'un incident dû à l'exaspération populaire, cette double exécution, dis-je, était présentée comme une mesure réfléchie, ordonnée par le Comité central dont elle inaugurait et caractérisait en même temps l'avènement au pouvoir.

« L'armée de l'ordre », d'autre part, qui n'existait plus que sur le papier, était donnée comme forte de 40.000 hommes et comme en mesure de prendre immédiatement sa revanche d'un échec provisoire. Et malgré cela, sans attendre même d'être renseigné sur les hommes, en majeure partie inconnus, qui siégeaient à l'Hôtel de Ville, Lyon d'abord, puis successivement Saint-Etienne, le Creusot, Marseille, Toulouse, Narbonne et Limoges se soulevèrent aux cris de : Vive Paris ! A bas Versailles ! et proclamèrent leur Commune.

Lyon, qui devait prendre de nouveau les armes le 30 avril et sceller cette fois de son sang sa solidarité révolutionnaire avec Paris, Lyon, par suite de la défection de ses radicaux bourgeois, fut réduit sans coup férir le 25 mars. Le Creusot, dont le maire était un ouvrier, Dumay, eut le même sort le 26, et Saint-Etienne le 28. Marseille tint plus longtemps, jusqu'au 4 avril, et eut les honneurs d'un bombardement de douze heures, suivi des premières exécutions sommaires de prisonniers. Toulouse, qui, si elle avait seulement tenu une semaine, eût entraîné une insurrection générale de tout le Midi, et qui malheureusement avait compté sur son préfet, M. Duportal, exclusivement préoccupé de sauver sa préfecture, Toulouse succomba le 27, entraînant dans sa chute Narbonne, dont l'héroïque Digeon ne put, malgré la collaboration ardente de l'élément féminin, que prolonger jusqu'au 31 la résistance désormais inutile.

D'autres mouvements, à Perpignan le 25 mars, à Grenoble le 16 avril, à Bordeaux le 16, le 17 et le 18, à Périgueux le 12 et le 13, à Cuers le 31, à Foix, à Varilhes, etc., tendant presque tous à empêcher le départ des soldats et des canons destinés au nouveau siège de Paris, n'eurent pas un meilleur résultat. Mais pour n'avoir pas réussi — nous dirons plus tard pourquoi — ces diverses tentatives armées n'en sont pas moins concluantes : elles témoignent que, dans les villes surtout, les revendications parisiennes étaient comprises et encouragées.

II

Dès le 23 mars, se souvenant de l'empressement avec lequel, en 1848, les gardes nationales de tous les points de France avaient apporté leur part de plomb contre les insurgés de Juin, l'Assemblée dite nationale invoqua le secours de ses électeurs départementaux contre ce qu'elle appelait « une poignée de factieux ».

« Pour faire appel à vos courages » — portait la proclamation au peuple et à l'armée — « pour réclamer de vous une énergique assistance, vos représentants sont unanimes. »

Le 24, une loi fut votée, par 449 voix contre 79, ainsi conçue :

« Considérant que la représentation nationale est placée sous la sauvegarde de la France entière et que, dans les circonstances actuelles, *le pays doit s'unir* à l'armée pour repousser le désordre ;

« L'Assemblée nationale décrète :

« Chaque département tiendra à la disposition du « gouvernement un ou plusieurs bataillons de *volon-* « *taires*, choisis de préférence parmi les hommes ayant « déjà servi dans l'armée, la marine ou la garde mobile, « ou appartenant à la garde nationale. »

De son côté, le ministre de l'intérieur télégraphiait à ses préfets :

« Une portion considérable de la population et de la « garde nationale de Paris sollicite le concours des « départements pour le rétablissement de l'ordre.

« Formez et organisez des bataillons de volontaires « pour répondre à cet appel et à celui de l'Assemblée « nationale. »

Et quel fut le résultat de ces appels aussi réitérés que désespérés ? Les registres d'enrôlements ouverts dans toutes les préfectures ne donnèrent pas cent hommes par département. En vain la solde est-elle portée à 1 franc, à 1 franc 50, plus les vivres de campagne ; en vain y ajoute-t-on l'attrait irrésistible de l'épaulette ; en vain menace-t-on de faire partir de force, au moyen d'une loi spéciale, ceux qui refusent de marcher de leur plein gré, les volontaires continuent à faire défaut, ou, s'ils se présentent, c'est, comme à Bayonne, « pour défendre la République contre ses ennemis, quels qu'ils fussent et d'où qu'ils viennent », ou, comme à Besançon, le 4e bataillon de la garde nationale, pour « voler au premier signal au secours de Paris ».

Il en fut ainsi de tous les efforts du même genre qui

furent tentés pendant toute la durée du siège et dont aucun n'aboutit. De telle sorte que l'on dût même renoncer à constituer à l'Assemblée la *garde d'honneur* dont elle avait fini par se contenter, ainsi qu'il résulte de l'avis suivant publié par le *Journal officiel* à la date du 14 avril : « L'organisation de ce corps — recruté « parmi les officiers de l'ancienne garde mobile — ayant « rencontré des difficultés, l'administration informe « messieurs les officiers qu'il ne sera plus reçu à l'avenir « aucun engagement. »

Pour se former une armée contre Paris, la réaction versaillaise fut obligée d'employer les moyens coercitifs en transportant en Afrique les régiments qui, comme le 88ᵉ de ligne et le 24ᵉ de chasseurs, refusèrent de se battre pour elle, ou en spéculant sur le « mal du pays » de nos prisonniers d'Allemagne qui n'étaient admis à rentrer que contre l'engagement de tourner contre leurs compatriotes la liberté et les armes qui leur étaient rendues.

III

Voilà qui est clair, ce me semble, et achève d'indiquer de quel côté étaient les sympathies, les vœux de la province, des campagnes.

La France départementale, cependant, ne s'en tint pas là ; et c'est directement, explicitement, que, jusqu'à l'écrasement final, elle interviendra en faveur de Paris contre Versailles.

Pour ne rien dire des pétitions, toutes plus ou moins favorables à la cause pour laquelle Paris luttait et saignait, qui affluèrent à Versailles dès le 25 mars, et qui inspirèrent tant d'effroi à la majorité rurale que, d'une part, par sa circulaire du 23 avril, le « républicain » Dufaure ordonnait de déférer aux tribunaux leurs signataires pour crime de « conciliation » et que, de l'autre, les commissions municipales, dont elles émanaient en grande partie, furent jugées indignes de présider au renouvellement des conseils municipaux et eurent à céder en bloc la place aux anciennes municipalités de l'Empire d'avant le 4 Septembre, la seule fois où la parole fut donnée au pays, c'est-à-dire le 30 avril, le pays n'hésita pas à faire aux « insurgés » un rempart de ses votes.

Partout, en effet, le scrutin — de municipal qu'il était — fut élargi, transformé en un véritable plébiscite pour ou contre Paris, pour ou contre Versailles; et dans l'immense majorité de nos trente-six mille communes, ce fut Paris qui sortit triomphant des urnes, lorsque, comme à Rochefort, on ne trouva pas plus simple d'inscrire sur le bulletin de vote, aux lieu et place d'un nom de candidat, ce seul mot : « Commune de Paris. »

Aussi le lendemain de ce vote, presque inespéré, que voit-on ?

1° Les nouveaux élus s'adressent à l'Assemblée versaillaise pour la sommer d'avoir à faire la paix avec Paris, à proclamer la République, à se dissoudre, son mandat étant expiré. Quant au chiffre de ces adresses, identiques dans le fond, sinon dans la forme, on en aura une idée lorsque l'on saura que dans un département, qui est loin d'être des plus avancés, dans l'Ardèche, de l'aveu du préfet, il se trouva dix-sept conseils municipaux pour les signer et les envoyer à qui de droit. Dans d'autres départements plus *rouges*, comme l'Hérault, par exemple, sur trois cents et quelques communes, c'est à peine si un tiers s'abstinrent.

2° Deux congrès — toujours de délégués des nouvelles représentations communales — furent décidés, « dans le but, disait le manifeste du comité d'initiative, de délibérer sur les mesures les plus propres à terminer la guerre civile, à assurer les franchises municipales et à consolider la République ». Celui de Bordeaux, fixé au 10 mai, et dit de la Ligue patriotique des Villes républicaines, parce que les villes seules y étaient convoquées à raison d'un conseiller municipal par vingt mille habitants, n'eut pas lieu, il est vrai, à la suite d'une note menaçante du *Journal officiel* se terminant ainsi : « Les « déclarations publiées en même temps que leur pro- « gramme par les membres du comité d'organisation « établissant que le but de l'association est de décider « entre l'insurrection d'une part et le gouvernement et « l'Assemblée de l'autre, et substituant ainsi l'autorité « de la Ligue à celle de l'Assemblée nationale, le devoir « du gouvernement est d'user des pouvoirs que lui « confère la loi du 10 août 1833 (la dissolution par la « force). C'est un devoir auquel on peut être assuré « qu'il ne faillira pas. Il trahirait l'Assemblée, la France « et la civilisation en laissant se constituer, à côté des « pouvoirs réguliers issus du suffrage universel, *les « assises du communisme et de la rébellion.* » Ici encore, le courage de la province ne fut pas à la hauteur de sa bonne volonté, quoiqu'il ne manquât pas de journaux, comme les *Droits de l'Homme*, de Montpellier, pour demander qu'on passât outre au *veto* gouvernemental et qu'on opposât la force à la force.

Le congrès de Lyon, dit des Municipalités, et ouvert à toutes les communes tant rurales qu'urbaines, fut tenu, lui, le 14, Versailles n'osant et ne pouvant rien contre les vingt et quelques bataillons de la garde nationale du Rhône qui s'étaient offerts à le protéger contre toute violence. Et bien que la veille un télégramme mensonger eût été envoyé aux diverses municipalités de l'Allier, de la Gironde, des Alpes-Maritimes, de la Savoie, de la Drôme, etc., leur affirmant que le « congrès n'avait pas lieu », seize départements s'y firent représenter. Ce sont : l'Ardèche, les Bouches-du-Rhône, le Cher, la Drôme, le Gard, l'Hérault, l'Isère, la Loire, la Haute-Loire, la Nièvre, les Pyrénées-Orientales, le Rhône, Saône-et-Loire, la Savoie, le Var et Vaucluse. Il dura trois jours et voici la résolution qui fut adoptée à l'unanimité et portée à son adresse par cinq délégués :

« Au chef du Pouvoir exécutif de la République « française et à la Commune de Paris :

« Les délégués, membres des conseils municipaux « des seize départements réunis à Lyon,

« Au nom des populations qu'ils représentent, « affirment la République comme le seul gouvernement « légitime et possible du pays, l'autonomie communale « comme la seule base du gouvernement républicain, et « demandent :

« La cessation des hostilités ;

« La dissolution de l'Assemblée nationale dont le « mandat est expiré, la paix étant signée ;

« La dissolution de la Commune ;

« Des élections municipales dans Paris ;

« Des élections pour une Constituante dans la France « entière.

« Dans le cas où ces résolutions seraient repoussées « par l'Assemblée ou par la Commune, ils rendraient « responsable devant la nation celui des deux combat-

« tants qui refuserait et menacerait ainsi de donner à la « guerre civile de nouveaux aliments. »

Dans cette pièce — comme on le remarquera — la dissolution de la Commune n'est demandée qu'après la dissolution de l'Assemblée de Versailles : ce qui ne laisse pas que d'être significatif.

3° Dans plusieurs départements, aux délégués expédiés à Lyon on ajouta des délégations particulières envoyées seulement à Versailles avec la mission d'arracher Paris au cercle de fer et de feu qui l'étreignait.

Celle de l'Hérault ne comptait pas moins de seize membres revêtus du mandat régulier de plus de cinquante conseils municipaux du département. A leur départ de Montpellier, le 11, ils furent accompagnés à la gare par plus de 15.000 personnes criant: Vive Paris! Sauvez Paris! Treize d'entre eux, malgré leurs protestations, furent arrêtés militairement à Saincaize, près Nevers, et gardés trois jours entiers en prison. Ce qui ne les empêcha pas, aussitôt libres, de poursuivre leur voyage, mais ce qui fut cause qu'ils arrivèrent trop tard, lorsque déjà, entrés par trahison, les massacreurs de l'Ordre étaient maîtres de Montmartre et d'autres points stratégiques de la première importance.

Le projet de transaction dont ils étaient porteurs ne différait d'ailleurs guère de celui qui avait été arrêté par le congrès de Lyon, mais il insistait sur la réunion à Paris même de la nouvelle représentation nationale. Et le rapport qu'ils publièrent à leur retour, en pleine orgie de répression, devait, comme celui du congrès, être écrasant pour Versailles, convaincu de « n'avoir jamais voulu d'autre solution au conflit que celle du canon ».

A l'appui des sentiments communalistes de la France provinciale, je devrais également citer les rapports adressés par les préfets et les présidents de Cours d'appel à la fameuse Commission d'enquête sur les événements du 18 Mars. Etant donné la source peu suspecte dont ils émanent, ils suffiraient à eux seuls à trancher la question que j'ai voulu élucider.

« La basse classe, notamment la classe ouvrière, « faisait publiquement des vœux pour le triomphe de la « Commune », écrit le président de la Cour de Besançon.

« Les agriculteurs y sont pauvres (dans les Basses-« Alpes) — écrit le président de la Cour d'Aix — ils « n'ont pas bougé, mais ils ont envoyé de nombreux « émissaires à Marseille ; on en a suivi avec anxiété les « diverses péripéties et l'on n'attendait que la nouvelle « d'un succès mieux assuré pour proclamer la Com-« mune. »

Le langage du président de la Cour de Bourges n'est pas différent : « Je constate avec douleur que sur « plusieurs points du ressort, et plus particulièrement « dans le Cher et la Nièvre, l'exécrable tentative de la « Commune a soulevé des sympathies et des espérances « ardentes. A Vierzon, les vœux et les espérances « étaient pour le succès de la Commune, on l'attendait... « etc... »

Mais, si instructives que soient ces citations, je suis obligé de les interrompre. J'ai hâte d'arriver à un événement qui, mieux que quoi que ce soit, nous donnera la mesure des dispositions des départements — je veux parler des élections législatives complémentaires du 2 juillet.

A cette date, en effet, il y avait plus d'un mois que la Commune était tombée avec ses derniers défenseurs.

La terreur était partout, par l'état de siège qui pesait sur quarante-deux départements, par les conseils de guerre qui commençaient leur sinistre besogne et par les pontons où continuaient à s'entasser les « suspects ». D'un autre côté, les vaincus, selon l'usage, étaient l'objet des calomnies les plus atroces déversées sur eux à flots par une presse immonde qui ne reculait même pas devant des faux matériels. Et, cependant, sur les 45 départements qui, en dehors de celui de la Seine, furent appelés à voter, 32 se prononçaient à une immense majorité contre les vainqueurs, reprenant pour leur compte, sinon la totalité, au moins une notable fraction des revendications parisiennes.

Sur les 92 élus, 76, réunissant plus d'*un million et demi* de suffrages, étaient radicalement *anti-versaillais*. Pour qu'on ne pût s'y tromper, en tête venaient : Ferrouillat, un des délégués du congrès de Lyon, dans les salons de qui s'était tenu le congrès ; Cazot, autre délégué du même congrès pour le Gard ; Foucaud, de Bordeaux, que la démocratie girondine avait envoyé à Versailles protester contre le bombardement de Paris ; Ordinaire, dont les agissements communalistes n'étaient ignorés de personne, etc... Ailleurs, comme à Bourges, les candidats qui, dans leur profession de foi, avaient revendiqué « comme le principal honneur de leur vie » leurs démarches en faveur de Paris, « n'étaient éloignés du succès que de deux à quatre mille voix ». Et le mandat de tous, auquel ils manquèrent d'ailleurs, portait expressément : amnistie pour tous les faits se rattachant à la Commune et dissolution de l'Assemblée qui venait de reprendre Paris sur les Parisiens.

IV

Il est donc absolument incontestable qu'en 1871, il n'y a pas eu divorce entre la démocratie parisienne et la démocratie départementale, et que celle-ci, qui a pu manquer réellement d'énergie, était en masse favorable aux « fédérés ».

Tout ce que l'on peut dire, c'est que c'était moins le côté socialiste que le côté politique de la Commune, c'est-à-dire sa revendication de la République et de l'autonomie communale, qui était acclamé par la province. Mais qui ne comprend que, ces deux points obtenus, les grandes villes où domine l'élément ouvrier, devenues maîtresses absolues de la force publique, de leur administration et de leur législation, la révolution économique n'eût plus été qu'une question de mois, sinon de semaines ?

Que, maintenant, dans de pareilles conditions, complices comme ils l'étaient en majeure partie de Paris, les départements n'aient pas réussi, je ne dis pas à le faire triompher, mais seulement à le sauver, c'est ce qui, au premier abord, je l'avouerai, peut paraître inexplicable, et c'est ce que s'expliquent cependant aisément ceux qui ont été mêlés aux événements de cette époque.

Cet insuccès peut se ramener, à mon avis, à trois causes principales :

C'est d'abord l'occupation de plus d'un tiers du territoire par les armées impériales et royales de Sa Majesté Guillaume — occupation qui paralysait les meilleurs citoyens et qui, à Paris même, faisait dire le 15 mars, par de futurs fédérés à celui qui écrit ces lignes, que la lutte, considérée d'ores et déjà par tous comme inévitable, ne s'engagerait pas, en tout cas, avant l'évacuation du territoire. N'eût été la crainte d'un retour offensif des troupes prussiennes, annoncé, qui plus est, à plusieurs reprises par les journaux de l'ordre, toute la vallée du Rhône, au moins, eût sauté comme un baril de poudre.

C'est ensuite l'attitude et le langage de l'extrême gauche de l'Assemblée de Versailles, des Louis Blanc et autres proscrits de la République de 48 et de l'Empire dont le prestige était encore intact, et qui ne cessaient de proclamer avec M. Thiers que la République n'était mise en péril que par les insurgés, et invoquaient à l'appui de leur assertion leur propre présence dans les rangs des bombardeurs de Paris. Que ces misérables — élus pour la plupart par la population parisienne — eussent dit un mot, fait un geste ; qu'ils se fussent — comme c'était leur devoir de mandataires, et comme le leur demandait le comité central républicain de Lot-et-Garonne — transportés collectivement dans l'ex-capitale, au milieu de leurs électeurs, en appelant à leur aide la démocratie des départements : et la prise d'armes eût été générale d'un bout de la France à l'autre ; l'Assemblée, réduite à sa majorité monarchiste, eût été balayée en moins d'une semaine, presque sans effusion de sang.

Depuis le 4 Septembre enfin, sinon en droit, du moins en fait, par suite surtout du gouvernement central enfermé dans Paris, les communes douées de quelque initiative jouissaient de l'autonomie la plus complète. Là où les travailleurs étaient en majorité, ils s'étaient, comme à Cette, à Béziers, par exemple, emparés de la mairie, administrant, en qualité de commission municipale, la localité qu'ils dominaient encore en tant que garde nationale. Et sans se rendre compte qu'avec l'écrasement de Paris un pareil état de choses ne durerait pas, ne pouvait pas durer, on se demandait ce que à s'insurger on pourrait, même victorieux, obtenir de plus que ce que l'on avait.

Il n'était pas jusqu'à la Commune qui ne favorisât cette disposition funeste en présentant la révolution accomplie le 18 mars comme exclusivement parisienne, municipale ; en même temps que, par ses déclarations répétées que ses seules forces suffiraient à avoir raison de Versailles, elle retint l'arme au pied une foule de braves gens qui se fussent fait, au contraire, un devoir d'intervenir à coups de fusils, si on leur avait dit franchement ce qu'il en était, c'est-à-dire que la victoire n'était possible qu'au prix de leur entrée en ligne.

Telles sont — je le répète — les raisons de la défaite d'un mouvement qui avait pour lui plus des deux tiers du pays, et il n'y en a pas d'autres. Messieurs les conservateurs pourront s'en convaincre en temps et lieu.

(*Die Zukunft*, 1877).

---

18 MARS 1871 — 18 MARS 1892

La Commune de 1871, dont nous célébrons aujourd'hui le vingt-et-unième anniversaire, a clos, pour le prolétariat, l'ère des révoltes qu'on peut appeler chaotiques, en même temps qu'à l'exemple de ce philosophe qui prouvait le mouvement en marchant, elle a indiqué à la classe ouvrière son moyen d'affranchissement en installant les travailleurs au pouvoir politique.

Toute la Révolution du 18 Mars est dans ce fait : la bourgeoisie, toutes les fractions de la bourgeoisie chassées du gouvernement et le gouvernement pris en main par le prolétariat parisien.

Peu importe l'usage qu'ont pu faire de ce pouvoir, dans des circonstances exceptionnellement difficiles, les travailleurs non préparés, n'ayant encore ni but ni méthode.

Peu importe qu'imbus des idées bourgeoises sur la propriété, ils aient organisé eux-mêmes leur défaite en « respectant » la Banque de France.

Peu importe qu'égarés par d'autres idées non moins bourgeoises, négligeant le véritable et unique ennemi : le *capitalisme,* pour un adversaire de fantaisie : le *cléricalisme,* ils aient pris leurs otages dans les archevêchés et les sacristies, alors qu'ils avaient Rothschild au bout de leur mandat d'amener.

Peu importe qu'ayant à venger leurs assassinés d'avril et de mai, le fusil de leurs représailles se soit trompé de cible, perdant ses balles de désespoir dans la carcasse de « quelques obscurs jésuites », lorsque patrons et financiers traînaient par les rues à la douzaine.

Toutes ces fautes — qui ne se répéteraient plus aujourd'hui — disparaissent devant et dans cet événement qui est un avènement : la classe dépossédée maîtresse pendant deux mois de l'outil de toutes les transformations sociales, l'Etat.

C'est cette conquête — malheureusement provisoire — de l'Etat par les prolétaires de Paris que nous fêtons et que fête aujourd'hui avec nous le prolétariat du monde entier, internationalement d'accord pour placer dans l'expropriation politique de la classe capitaliste le secret et l'instrument de son expropriation économique.

C'est en parti politique, ayant pour premier objectif le gouvernement à occuper, que sont actuellement organisés les travailleurs de partout.

C'est à cette première et indispensable conquête qu'ils tendent tous leurs efforts.

Et c'est dans cet esprit que nous saluons et que tous saluent nos aînés, ceux qui ont héroïquement laissé trente-cinq mille cadavres sur la position qu'ils n'ont pas été en mesure de conserver mais qu'ils avaient prise, et que nous saurons, nous, les circonstances aidant, prendre et conserver.

(*Le Socialiste*, 20 mars 1892).

LA CRISE LYONNAISE

ET L'ORDRE SOCIAL

La Crise lyonnaise et l'Ordre social

I

Les classes aussi possédantes que dirigeantes et leurs apologistes attitrés, les économistes classiques, s'imaginent avoir tout dit, tout justifié; leur ordre social leur paraît aussi innocent de la crise qui pèse sur Lyon que M. Jules Simon de la mort des *Droits de l'Homme,* lorsqu'ils sont arrivés à établir que cette crise, qui livre à toutes les horreurs de la misère et de l'aumône plus de trente mille familles ouvrières, tient aux quatre causes suivantes :

« 1° La grande hausse de la matière première : la soie ;

« 2° Le resserrement des marchés étrangers qui, sous l'influence des craintes de la guerre en Orient ou des difficultés économiques et politiques particulières, nous achètent de moins en moins de soieries ;

« 3° La variation de la mode, le goût public qui préfère aujourd'hui, soit pour l'habillement des femmes, soit pour l'ameublement, les étoffes mélangées ou les étoffes de laine aux soieries pures ;

« 4° Une nouvelle organisation de la production des soieries, le développement de la fabrication à la campagne. »

Ces causes, que j'ai tenu à reproduire textuellement,

sont-elles les seules ? C'est ce que je ne puis ni ne veux affirmer ou contester. Je les prends telles qu'elles me sont données par les souteneurs du présent ordre de choses, et je n'aurai pas de peine à démontrer que, loin de dégager, elles engagent et accusent au suprême degré l'organisation sociale d'aujourd'hui.

Pour commencer par le commencement, cette hausse de la soie, dont viendrait tout le mal, et qui a été de 60, de 80, de 100 °/₀ n'est pas, comme on le voudrait, d'ordre naturel, fatal. La mauvaise récolte de la soie en France, à l'aide de laquelle on essaie de l'expliquer, ne l'explique pas ou ne l'expliquerait qu'en très petite partie, parce que, ainsi que l'a pertinemment exposé un journal qui ne nous avait pas habitués à un parler aussi franc, l'*Echo*, la production séricicole de notre pays dans les meilleures années n'a jamais dépassé 1/10 de la production du monde entier.

C'est à la spéculation, à une spéculation effrénée, qu'est due cette hausse, qualifiée, par M. Paul Leroy-Beaulieu lui-même, « d'énorme », de « sans exemple », c'est-à-dire à des tripotages financiers qui sont à un ordre social fondé non pas sur le travail, mais sur l'exploitation du travail, ce que le choléra est au delta du Gange, un produit aussi nécessaire que logique.

Donnez-moi un état social dans lequel la richesse soit et ne puisse être que le résultat du travail, proportionnelle au travail accompli, c'est-à-dire équivalente à la plus-value que l'activité d'un chacun aura pu donner à la matière sur laquelle elle s'exerce, et la hausse factice qui immobilise depuis quelques mois 15.000 métiers et jette sur le pavé une population tout entière, limitée au manque plus ou moins général de la récolte, est immédiatement réduite de 50, 60, 80 °/₀, réduisant d'autant le chômage.

Mais il n'est pas jusqu'à la partie de la hausse qui tient réellement à la mauvaise récolte qu'une autre organisation sociale n'eût pu prévenir. De l'aveu de l'Economie politique, cette mauvaise récolte doit être attribuée au « peu de soin apporté dans le choix des graines ». « Les producteurs tiennent beaucoup plus au bon marché qu'à la qualité. » Or, croit-on que si, au lieu d'être ainsi laissé à l'arbitraire intéressé de quelques individus qui ne risquent en réalité qu'une partie de leur superflu contre l'espérance de gros bénéfices, le choix des graines dépendait de ceux dont l'existence est suspendue à une bonne récolte, des ouvriers eux-mêmes, toutes les garanties ne seraient pas toujours prises touchant la « qualité » sacrifiée aujourd'hui au « bon marché »? Croit-on, en d'autres termes, que si la masse de ceux qui vivent de la production et de la fabrication de la soie, organisés corporativement, étaient mis en mesure d'opérer, d'acheter eux-mêmes, il y aurait place pour cette négligence homicide dont on se plaint, et qui n'est qu'une forme de la spéculation capitaliste?

Poser cette question, c'est la résoudre, et la résoudre contre un ordre économique qui, en laissant le capital d'un côté et le travail de l'autre, fait supporter aux travailleurs les conséquences du « jeu » plus ou moins habile, mais toujours également égoïste, du capital devenu à lui-même sa fin.

J'arrive à la seconde « cause », aux marchés étrangers qui, sous le coup d'une guerre sinon probable, au moins possible en Orient, nous achètent de moins en moins. Et, de fait, nos exportations soyeuses sont tombées de 376 millions en 1875 à 296 millions en 1876. Mais, outre que la hausse de la matière première provoquée chez nous par les accaparements de la spéculation doit être pour quelque chose dans cette diminution de nos exportations, comment nier que les craintes qui ont amené le resserrement des marchés étrangers doivent être portées au compte, au passif d'une organisation sociale qui non seulement permet la guerre, mais la rend inévitable ?

Il n'est personne qui ignore et qui conteste que les armées permanentes de plus en plus nombreuses et de plus en plus coûteuses, qui ont officiellement pour but la défense du territoire, sont considérées par les classes au pouvoir comme un élément indispensable, comme une condition *sine qua non* de la « sécurité » intérieure. Par suite de l'antagonisme d'intérêts auquel donne lieu la division économique de la nation en classes distinctes, la partie privilégiée ne saurait défendre, « conserver » ses avantages particuliers qu'à l'aide de baïonnettes plus ou moins passives. Et comme le fait d'avoir une armée entraîne fatalement à s'en servir, comme il faut, d'autre part, donner une raison d'être extérieure à l'impôt d'hommes que l'on lève chaque année ; comme, enfin, on ne saurait laisser à l'état de capital mort un personnel et un outillage qui absorbent plusieurs centaines de millions par an, il en résulte qu'au lieu de soldats pour la guerre, on a, on crée — sans s'en rendre un compte exact toujours — la guerre pour les soldats.

Ce ne sont pas, d'autre part, les travailleurs qui veulent, qui voudraient jamais la guerre. D'abord, parce que ce sont eux qui en font toujours les frais ; ensuite, parce que leurs intérêts de producteurs en font les ennemis nés de toute destruction. Et ils en ont tellement conscience que, en 1864, en pleine gloire militaire impériale, ils jetaient par dessus les frontières les bases d'une association fraternelle entre les travailleurs de tous les pays — association, du reste, que leurs maîtres, pour qui la guerre est un moyen, *instrumentum regni*, se sont hâtés de briser aussitôt que des événements, sur lesquels l'histoire se fera un jour, leur en fournirent le prétexte.

Qu'ils arrivent, eux qui sont le nombre, à avoir le pouvoir, et — les questions de territoire, de prééminence militaire ou politique évanouies — à l'organisme exclusivement destructif d'aujourd'hui, vidant l'atelier au profit de la caserne et la caserne au profit de la fosse commune des champs de bataille, succédera un organisme absolument différent, ne tendant qu'à la plus grande production possible et à la meilleure répartition des produits, et ne laissant de place à aucun *casus belli*.

Les variations de la mode et les préférences du public pour les étoffes mélangées ou les étoffes de laine pure, qui constituent le troisième argument de nos adversaires, ne sont pas moins imputables à la société actuelle ou, pour parler plus exactement, au mode de répartition des richesses présentement en vigueur ; mais, pour donner à cette partie de ma démonstration, que je considère comme la plus importante, toute l'ampleur qu'elle réclame, il me faut entrer dans des considérations qui allongeraient trop cet article et, dans l'intérêt du lecteur, je la renvoie à demain.

II

La production, tant comme quantité que comme qualité, est déterminée, régie, comme on sait, par ce que les économistes ont appelé la *loi de l'offre et de la demande,* c'est-à-dire que les capitaux disponibles ne vont aux diverses industries que dans la mesure où les produits de ces diverses industries sont demandés, sont sûrs d'un placement avantageux.

Et, sous ce rapport, les Leroy-Beaulieu et autres n'ont pas tort lorsqu'ils expliquent comment les « femmes du monde et du demi-monde se mettant à se vêtir et à se meubler en étoffes de laine ou en tissus mélangés », les étoffes de soie cessant d'être demandées, la fabrication soyeuse se trouve nécessairement suspendue, arrêtée, avec les conséquences que l'on voit.

Mais pourquoi la soie, certains tissus de soie, demandés hier, ne le sont-ils plus aujourd'hui ou ne le seront-ils plus demain? Là est la question, toute la question.

Il y a, en effet, demande et demande, comme il y a fagot et fagot : l'une, aussi fixe, aussi durable qu'elle est normale, organique ; l'autre, aussi ondoyante et diverse qu'elle est artificielle et pathologique.

Etant donné, par exemple, une société dans laquelle les moyens de satisfaire leurs besoins soient également répartis entre tous, une société, si l'on aime mieux, dans laquelle le point de départ étant le même pour chacun, le point d'arrivée, la situation acquise ne puisse différer sensiblement pour personne — ce qui se produirait fatalement si chacun ne pouvait disposer que de la somme de richesses par lui créée — il est hors de doute que les produits qui seront demandés les premiers et dont la production par suite attirera et emploiera les capitaux libres, sont ceux qui répondront à la satisfaction des besoins les plus immédiats, les plus essentiels de la collectivité tout entière.

Cette demande-là offre un caractère de solidité, de permanence que tout le monde comprend sans plus d'explications, toute variation en moins ne pouvant résulter que d'une diminution de la fortune publique dont l'expérience du passé exclut jusqu'à l'hypothèse.

Ce ne sera qu'au fur et à mesure qu'augmenteront les moyens de chacun et de tous que seront demandés les produils moins indispensables, la brioche, par exemple, qu'on pourrait appeler la soie de la nourriture. Mais lorsque la brioche sera demandée, lorsque sa fabrication sera entreprise, cela voudra dire que les conditions économiques générales qui correspondaient à la fabrication du pain auront prospéré, puisqu'il y aura un excédent qui pourra être employé en brioche.

Et il en résultera que, certains d'un emploi avantageux, les capitaux ne feront pas défaut à l'industrie de la brioche et que les travailleurs en brioche ne courront aucun risque de chômer.

Cette nouvelle demande, fondée sur un besoin général et par conséquent réel, *que le milieu dans lequel il se produit est à même de satisfaire,* ne se distinguera pas comme fixité de la première.

Lorsqu'au contraire, comme aujourd'hui, la société se décompose en une majorité qui manque du plus strict nécessaire, et en une minorité, essentiellement variable, qui ne sait où et comment dépenser son superflu, qu'arrive-t-il ?

La demande de brioche, de soie, si vous aimez mieux, peut bien se produire ; elle se produit en effet. Mais comme elle ne correspond pas à l'état des ressources sociales, comme elle n'est que le fait d'un caprice résultant lui-même d'une surabondance locale, particulière, de moyens, elle doit inévitablement être sujette à toutes les fluctuations.

Qu'une partie de ces moyens accumulés dans les mêmes mains passent à d'autres mains, même aussi riches, et comme la fantaisie des nouveaux possesseurs peut différer de la fantaisie des premiers, la soie peut cesser d'être demandée. Qu'ils passent à des mains plus pauvres, à une fraction de ceux dont les besoins de laine — ce pain du vêtement — ne sont pas encore satisfaits, et l'augmentation de la demande des étoffes de laine se fera aux dépens des tissus de soie. Et dans l'un et l'autre cas, voilà les travailleurs en soie sans ouvrage, dans la rue.

C'est ce qu'on a vu à la fin du siècle dernier, lorsque, par suite du transport à un million de familles bourgeoises des biens accumulés dans cent mille familles nobles, les soieries de luxe, de cour, pourrait-on dire, brodées d'or et d'argent, ont cessé d'être demandées — et fabriquées. C'est ce que l'on voit actuellement et ce que l'on continuera à voir aussi longtemps que l'ordre économique oscillera entre la misère du plus grand nombre et la fortune monstrueuse de quelques-uns, soumise elle-même à un va-et-vient et à des modifications continuelles.

Dépendant d'un capital de *jouissance*, dont la quotité et l'emploi varient avec ses détenteurs, le nombreux, trop nombreux personnel des industries dites de luxe n'a jamais, ne peut jamais avoir qu'une journée sans lendemain.

Et c'est pourquoi à la question de l'*Economiste français :* « S'il y a une organisation sociale qui puisse empêcher de quitter les tissus de soie pour les étoffes mélangées ou de laine », je réponds hardiment : oui. Il suffit pour cela que la société soit organisée ou réorganisée de telle sorte que, la fortune de chacun étant proportionnelle à la fortune de tous, les soieries ne puissent être demandées, qu'on ne puisse passer à leur fabrication que lorsque le besoin des lainages aura été universellement épuisé.

Dans ces conditions nouvelles, l'époque de la soierie serait sans doute venue plus tard ; il se peut même — quoique je me permette d'en douter — qu'elle ne soit pas encore venue ; mais une fois les soieries demandées, leur fabrication n'aurait plus à compter qu'avec les influences atmosphériques et présenterait pour ceux qui en vivraient — au lieu d'en mourir comme aujourd'hui — toutes les garanties possibles.

III

L'organisation économique actuelle convaincue d'être responsable de la partie de la crise qui a trait aux variations de la mode, aux appréhensions de guerre et à la hausse de la matière première — en ce sens que, dans d'autres conditions sociales, aucune de ces trois « causes » n'aurait pu subsister — il me reste à indiquer comme quoi c'est encore de cette organisation éminemment vicieuse que procède la partie de la crise provoquée, assure-t-on, par « l'établissement de nombreux métiers à la campagne ».

Après quoi j'exposerai, en quelques lignes, comment, en admettant même que le chômage d'aujourd'hui soit aussi indépendant du présent ordre de choses qu'il en résulte directement au contraire, c'est à ce dernier, à lui seul, que sont dues les conséquences épouvantables que cet arrêt dans la fabrication soyeuse a entraînées et entraîne pour la population ouvrière de Lyon.

Il y a une quinzaine d'années, paraît-il, qu'a commencé à s'introduire dans les chaumières le tissage des étoffes de soie, qui y a fait depuis d'immenses progrès. Or, c'est à ces métiers nouveaux, qui n'auraient pas cessé complètement de battre, que les tisseurs urbains doivent d'être privés du peu de travail encore actuellement existant.

Les fabricants ne veulent à aucun prix désorganiser leur fabrication agricole, écrit M. Paul Leroy-Beaulieu, qui leur donne raison au nom de la liberté.

La liberté — telle que la conçoivent les économistes officiels — implique donc le droit de sacrifier l'existence même de milliers de travailleurs à une augmentation de bénéfices. Car l'établissement de cette fabrication rurale n'a pas eu un autre motif. Ce n'est pas le manque de bras qui a amené les patrons à s'adresser aux paysans et à les transformer en industriels aux dépens des industriels de la ville, mais la possibilité de payer moins des ouvriers subsistant déjà à l'aide d'autres travaux. « La vie moins coûteuse, plus sobre de l'ouvrier des champs — c'est le même Leroy-Beaulieu qui le déclare — lui permettait de se contenter d'un salaire moins élevé. »

Et c'est après un pareil aveu que l'on ose soutenir que l'ordre, ou plutôt le désordre social actuel, qui se prête à ce déplacement aussi meurtrier qu'intéressé de l'axe de toute une industrie, n'est pour rien dans les souffrances de la seconde ville de France!

Il est vrai qu'à entendre nos économistes officiels, la faute, en cette circonstance, serait à la population ouvrière de Lyon, qui, au lieu de favoriser la spéculation de ses exploiteurs en se *ruralisant* pour emplir la caisse de ces messieurs, aurait continué à s'accroître, alors qu'une partie de plus en plus considérable de travail émigrait. Et les hommes qui n'ont pas une parole de blâme contre l'égoïsme et l'avidité des fabricants, cause unique de cette émigration, rééditent à ce propos, contre la classe laborieuse, la tirade bien connue sur l'abandon des travaux des champs et sur « l'attraction irrésistible que les villes exercent sur certains esprits ».

Les faits sur lesquels reposent ces derniers reproches sont malheureusement incontestables. Impossible de nier que l'agriculture soit de plus en plus désertée pour l'industrie. Et impossible de ne pas déplorer un état de choses qui réussirait à la longue à justifier l'odieux paradoxe de Malthus d'un accroissement en progression géométrique de la population pendant que l'augmentation des subsistances ne suivrait qu'une progression arithmétique.

Mais cette immigration des campagnes dans les villes, comme toute chose, a un pourquoi. Et le pourquoi de ce « goût trop vif pour les grandes villes » quel est-il ?

C'est que les salaires industriels, des industries de luxe surtout, sont aux salaires agricoles comme 3 est à 1.

Oui, la production du pain, de la viande, etc... est aujourd'hui trois fois moins rétribuée que la production des objets de fantaisie, bijoux, soieries, bronzes, etc...

Et par quel miracle les travaux qui ne servent qu'à la satisfaction du caprice ou de la vanité d'un petit nombre, se trouvent-ils plus rémunérateurs que les travaux tendant à la satisfaction des besoins primordiaux de tous ?

Parce que le capital — en comprenant par ce mot la partie des produits annuels non consommés qui peuvent servir d'éléments à une nouvelle production — individualisé comme il est aujourd'hui et régi par la loi du plus grand profit, va naturellement à la production dont les produits sont le plus demandés.

Or, s'il existe une demande de plus de blé, de plus de vin, etc..., comme elle émane de gens qui n'ont pas les moyens d'acquérir ces objets de première nécessité ou qui ne pourraient les acquérir au-delà d'un certain prix jugé insuffisamment rémunérateur par les capitalistes, cette demande ne compte pas, elle n'est pas, selon l'expression de Smith, *effective,* et ne saurait déterminer une augmentation de la production du vin, du blé, etc...

La véritable demande, la seule qui règle le marché, c'est celle de la classe possédante, de la minorité qui peut payer — et payer cher. Et comme, si surchargés de biens qu'ils puissent être, ces privilégiés n'ont qu'un estomac à remplir, qu'un corps à vêtir, etc., et que ces besoins organiques sont déjà satisfaits, ce qu'ils demandent, ce n'est plus du pain, mais de la brioche, ce n'est plus du vin, mais du champagne, ce n'est plus de la laine, mais du velours, etc.... et c'est à la fabrication de ces produits, fabrication de luxe, essentiellement urbaine, que sont entraînés les capitaux disponibles, entraînant avec eux l'élévation des salaires industriels et le drainage des campagnes par les villes.

Cet accroissement de la population ouvrière de Lyon, qui aggrave une situation déjà horrible, tient donc, lui aussi, à l'effroyable inégalité avec laquelle les richesses se trouvent aujourd'hui réparties entre les divers membres du corps social.

Que les biens économiques cessent d'être concentrés, monopolisés entre les mains de quelques-uns, comme c'est le cas actuel; que chacun arrive à en avoir sa part; et, comme les besoins de la masse sont de toute autre nature que ceux des repus de l'heure présente, comme ce qu'elle demandera ce sont les aliments, le vêtement élémentaire qui lui font défaut, c'est à la production de ces objets indispensables, c'est à l'agriculture, en un mot, que devront aller les capitaux en quête de profit; ce seront, par suite, les salaires agricoles qui tiendront le haut du pavé.

Et l'on verra alors se retourner le phénomène d'aujourd'hui et les campagnes exercer sur la population des villes « l'attraction irrésistible » que les villes exercent aujourd'hui sur les chaumières.

IV

On a vu comment l'ordre social d'aujourd'hui, qui, par l'intermédiaire des Ponce Pilate de l'économie politique, se lave les mains des milliers de vies compromises par « l'épreuve » que subit l'industrie soyeuse, est, au contraire, la cause première et unique de cette « épreuve ». Mais je veux supposer qu'il n'en est rien. La fermeture d'un atelier sur deux était fatale — soit. Des soixante mille ouvriers qui vivaient en travaillant, hier, trente mille ne travaillent plus aujourd'hui : c'est le chômage; et ce chômage — je le répète — qui, depuis 1749, a sévi neuf fois sur la seule ville de Lyon, ne pouvait être évité. S'ensuit-il pour cela qu'il dût se compliquer de la faim que nous trouvons depuis un mois assise au foyer de tant de familles et qu'on essaie d'exorciser à coups d'aumônes individuelles, communales ou gouvernementales?

En aucune façon.

Pour que le chômage se double de la misère, pour qu'un arrêt, si général puisse-t-il être, de la production mette les producteurs à la merci de la charité publique, il faut, de toute nécessité, l'organisation économique — et politique — actuelle.

Je lis dans une lettre adressée par un « ouvrier » à un journal que j'ai déjà eu l'occasion de citer, l'*Echo :*

« Dans aucun métier, surtout ceux de grande exploitation, l'ouvrier ne reçoit l'équivalent des *utilités* qu'il produit, comme le disent vos professeurs d'économie sociale. »

C'était mettre du premier coup le doigt sur la plaie.

Si le travailleur n'est pas à l'abri d'un chômage accidentel, et de cet autre chômage définitif qui s'appelle la vieillesse, c'est qu'une partie, la partie la plus considérable des valeurs par lui créées, va à d'autres, à ceux qui, sous prétexte de le « faire travailler », le dépouillent de la seule propriété légitime, celle qui a pour origine le travail.

C'est, en un mot, qu'il est volé, volé de toute la différence qui existe entre la rétribution arbitraire de sa production, qui est le salaire, et la valeur réelle de cette production, qui est le produit.

Qu'on lui restitue, ou mieux qu'on lui laisse, au fur et à mesure de leur création, les centaines de millions, pour ne pas dire les milliards, que le prélèvement capitaliste entasse dans le coffre-fort de ses patrons, et, quelque crise qui survienne, le voilà en mesure d'y faire face.

L'excédent de sa production sur sa consommation quotidienne, mis de côté, épargné, accumulé, lui permet d'attendre, sans crainte, sans souffrance et sans l'aide de personne, des jours meilleurs.

Ni l'âge où il faudra « dételer », ni les moments où il lui faudra « chômer », ne l'exposent à la mendicité.

Il est garanti, garanti par lui-même, par ses propres œuvres, contre les hauts et les bas de l'existence.

Or, pour cela, que faudrait-il ? — Peu de chose, ce qu'un des plus grands économistes des temps modernes, Stuart Mill, a, dans ses derniers ouvrages, osé réclamer en matière d'agriculture, dans l'intérêt général : il suffirait, pour cela, que tous les instruments de la production, d'individuels qu'ils sont aujourd'hui, devinssent collectifs, qu'ils puissent ainsi devenir gratuits, et laisser à ceux qui les mettent en œuvre la totalité de ce que leur activité a pu en tirer.

Mais il existe deux autres causes de l'enfer de la faim — plus terrible que l'enfer de feu des catholiques — auquel sont condamnés les travailleurs par la première suspension de travail venue.

C'est d'abord le rôle de machine, de rouage de machine dans lequel les enferme une application aussi exploitrice qu'erronée de la division du travail. Si, au lieu d'être attelé comme aujourd'hui à une besogne unique, au même mouvement à répéter éternellement, — ce qui, à défaut de ce mouvement ininterrompu, le laisse non seulement inoccupé, mais incapable d'une autre occupation, le travailleur étant traité en homme dont les facultés, toutes les facultés, auraient été développées par une instruction aussi intégrale que professionnelle, — ce que nous voyons actuellement serait de toute impossibilité.

Mis sur le pavé par un accident de la branche d'industrie qu'il a choisie de préférence, il se retournerait d'un autre côté, du côté qui cadrerait le mieux avec ses aptitudes et ses goûts.

Et ce n'est pas lui seulement, mais la collectivité qui bénéficierait du débouché ainsi ouvert et assuré à ses forces aujourd'hui perdues.

L'autre cause, c'est l'absence de toute organisation ouvrière, par la faute — pour ne pas dire par le crime — des divers régimes qui se sont succédés en France depuis la disparition de « l'ancien ». Si la classe laborieuse avait eu la liberté de se former en unions de métiers ou unions corporatives, si ces diverses corporations avaient pu entretenir entre elles des relations de tous les jours :

1° Les bras disponibles auraient pu être répartis entre les différentes branches de la production nationale, d'une façon expérimentale, scientifique, en diminuant ainsi d'autant les chances de chômage, tant général que partiel ;

2° Il ne pourrait pas se produire de ralentissement, de suspension dans une partie de la fabrication, sans que les travailleurs, avertis, instruits journellement des demandes qui se produisent dans d'autres branches, ne sachent toujours où et comment employer, utiliser leur oisiveté forcée.

Mais cette organisation — qui est cependant de droit naturel — aurait eu pour résultat, en supprimant la concurrence que se font les travailleurs, de déjouer la conspiration, au moins tacite, des patrons en vue de réduire les salaires à leur minimum : elle aurait entamé des bénéfices qu'il est de règle aujourd'hui de ne reculer devant rien pour augmenter.

Et c'est pourquoi, au risque, avec la certitude de ne laisser, à des chômages aussi périodiques qu'inévitables dans les présentes conditions sociales, d'autre issue que la mort ou le bureau de bienfaisance pour des millions d'hommes, les classes dirigeantes, divisées politiquement, se sont toujours trouvées d'accord pour mettre le peuple ouvrier hors du droit d'association.

Qu'il n'y ait là maintenant rien que de naturel, j'allais dire de légitime, dans l'état de guerre que représente la société d'aujourd'hui, fondée sur le « chacun pour soi », c'est ce que je me hâte de reconnaître.

Mais qu'on cesse alors de verser des larmes de crocodile sur des souffrances qui figurent au *doit* et *avoir* dans la colonne de *l'actif ;* qu'on ne vienne pas surtout protester de son innocence dans une crise qu'on n'a rien négligé pour rendre aussi aiguë que possible, si l'on ne veut pas qu'une voix s'élève qui, selon une expression célèbre, « vous rappelle à la pudeur ».

V

La Chambre de commerce de Lyon, sous les signatures aussi républicaines que conservatrices de MM. O. Galine et A. Sevene, a cru, au dernier moment, devoir intervenir dans le débat engagé au sujet des véritables raisons de « la crise de chômage dont souffre la classe ouvrière lyonnaise ». Et ces « témoins immédiats de la crise » ont tenu à nous prouver — après M. Jules Simon — comment, à moins de tailler en plein drap dans l'ordre économique d'aujourd'hui, la République ne sera, sous un nouveau nom, que la continuation de l'exploitation prolétarienne de l'Empire et des autres régimes monarchiques.

Pour cette Chambre — qui n'a rien à envier aux

deux qui siègent à Versailles — ce sont les « cris d'alarme qui ont été si inopportunément poussés », ce sont les « souscriptions retentissantes qui ont été ouvertes », c'est « l'émotion générale qui s'en est suivie », qui ont « précipité la crise en la dénonçant ». Non pas que la misère n'enserrât comme dans un étau les travailleurs lyonnais ; non pas que le pain ne fît, depuis longtemps déjà, défaut à des milliers de familles affamées. Mais avant qu'on étalât à la tribune parlementaire le spectacle de ces estomacs en souffrance, de ces bouches de femmes et d'enfants inutilement ouvertes, les fabricants, eux, n'avaient reçu aucun dommage ; ils avaient l'espérance, pour ne pas dire la certitude, d'écouler à bon compte les marchandises emmagasinées. Et rien n'était perdu, du moment qu'au prix de quelques cadavres les « transactions en voie de négociation » eussent assuré aux capitaux engagés et compromis le profit énorme en vue duquel ils s'étaient compromis, en compromettant du même coup l'existence de milliers et de milliers d'ouvriers.

Car, c'est même cette Chambre qui le confesse, « la « vraie cause de la crise que nous traversons, réside « uniquement dans *un excès de production*, coïncidant « avec un resserrement de la consommation.

« Depuis cinq ans, la fabrique lyonnaise a travaillé « sans relâche. Plus favorisée que ses concurrentes, elle « a échappé aux crises commerciales qui se sont « déclarées successivement aux Etats-Unis, en Alle- « magne, en Autriche, et elle a d'autant moins hésité à « déployer tous ses moyens d'action *qu'elle avait sous « la main la matière première à bon marché. Cette « matière première, qu'elle avait payée à de si hauts « prix*, lui a été, dans ces dernières années, constam-

« ment offerte en baisse, si bien qu'à la fin de 1875, elle « se retrouvait en face des cours de 1848.

« *Mais ce n'est pas sans courir, à la longue, des « risques sérieux qu'une industrie force ainsi sa pro- « duction.*

« La consommation avait de tout autres allures. « *Loin d'aller vers les soieries, elle tendait plutôt « à s'en détourner temporairement au profit des « lainages.*

« *L'écart entre la production était arrivé à ce point,* « au printemps de 1876, *qu'une crise était probable.* »

J'ai cité tout au long, sans changer un iota, cet effroyable aveu, parce que s'il ne venait pas des patrons eux-mêmes, on le traiterait de calomnie.

Que dites-vous, en effet, de ces fabricants qui, parce que la matière première s'offre à eux à des prix exceptionnellement bas, à seule fin de réaliser plus tard des bénéfices inouïs, « forcent la production » alors que diminue la consommation, et préparent ainsi, sciemment, volontairement, pour s'enrichir d'un seul coup, le plus atroce et le plus démesuré des chômages à une population tout entière ?

Il y avait dans cet avilissement de la soie une bonne spéculation à faire. Il est vrai qu'elle devait avoir pour revers la mort lente de la faim pour des milliers de travailleurs inconscients, eux, de l'exagération de travail qu'on leur demandait. Mais qu'importe ? Elle a été faite. Pour ajouter 30 0/0 ou plus aux 25 0/0 de chaque fin d'année, les nouveaux seigneurs du capital « n'ont pas hésité ».

La consommation des soieries avait beau aller *decrescendo,* et les lainages, plus demandés, offrir à des bras, que la plus simple humanité obligeait de licencier, un placement avantageux, laissant l'avenir intact ; ces bras, on les a retenus, on les a occupés à une fabrication excessive, anormale, morbide, qui devait se retourner contre eux, mais qui assurait aux fabricants, en outre de leur bénéfice ordinaire, un bénéfice extraordinaire correspondant à la différence entre le vil prix de la soie, lors de sa manufacturation, et la hausse attendue, inévitable, des soieries lors de leur vente.

Jamais — croyons-nous — la production capitaliste actuelle, sans cœur et sans entrailles, traitant les hommes en machines, et ne voyant dans les travailleurs qu'elle emploie que des instruments de profit, subordonnés, sacrifiés au profit, ne s'était ainsi laissé surprendre la main dans le sac de la spéculation la plus assassine.

Non pas qu'il ne fût possible, en analysant chacun des désastres infligés à la classe ouvrière, de démontrer sa responsabilité et sa culpabilité. Mais c'est la première fois — du moins à notre connaissance — que, rendant toute instruction inutile, elle avait osé se présenter devant l'opinion publique en avouant aussi effrontément, en criant à un gouvernement qui fermait les yeux pour ne pas voir, pour ne pas poursuivre : *Me, me adsum qui feci !*

« C'est moi qui, pour jouir des millions qu'ils ont « entassés dans mes coffres, ai attenté à la vie de trente « mille ouvriers, sans épargner leurs femmes et leurs « enfants.

« De circonstances atténuantes, — aucune.

« Je connaissais « les risques sérieux » que je faisais « courir à ce peuple de travailleurs en *forçant* ainsi la « *fabrication* des soieries, alors que, *loin d'aller vers*

« *les soieries, la consommation tendait plutôt à s'en* « *détourner.*

« Je savais que *l'écart* ainsi *amené entre la fabri-* « *cation et la consommation* rendait inévitable la « catastrophe qui est survenue et dont le déficit de la « récolte des cocons n'a été que l'occasion.

« Mais j'avais intérêt à faire produire quand même, « à accumuler, alors que la matière première ne coûtait « relativement rien, des produits que la première « hausse devait me faire écouler à des conditions « exceptionnellement avantageuses. Et mon intérêt a « été ma loi.

« Le meurtre en grand que j'ai commis n'a même « pas l'excuse de la passion. C'est le gain seul, pour ne « pas dire le vol, qui en a été le mobile.

« Et je m'en vante ! »

Car, lisez et relisez cette scandaleuse épître de la Chambre de commerce — joli commerce ! — de Lyon, et je vous défie d'y découvrir un seul regret.

Les auteurs de ce véritable crime social ne regrettent rien, — ou, s'ils regrettent quelque chose, c'est qu'on soit venu les troubler dans les bénéfices qu'ils en attendaient.

L'intervention de M. Ordinaire en faveur des victimes les a empêchés de profiter de leur coup, en faisant « retirer les ordres » en vue desquels le coup avait été fait.

Et ils vouent pour cela aux dieux infernaux M. Ordinaire, « ce pelé, ce galeux » dont « vient tout le mal »... des Arlès-Dufour et consorts.

En vérité, je vous le dis, tout est pour le mieux dans la meilleure des sociétés. Et c'est nous, les socialistes, les révolutionnaires, nous qui voulons rendre à tout jamais impossible ces spéculations sur la vie humaine, qui avons tort.

(*Le Radical,* Février-Mars 1877).

AUTOUR DU PREMIER CONGRÈS OUVRIER

(Salle d'Arras, 1876)

Le Congrès ouvrier

Le Congrès ouvrier, qui vient de se séparer après avoir adopté une série de « conclusions » qu'il ne sera pas inutile d'examiner à fond, a été diversement apprécié par la presse — même républicaine. Mais qu'on l'ait vu avec sympathie ou avec effroi, amis et ennemis ont été à peu près unanimes à reconnaître son importance.

Et comment aurait-il pu en être autrement lorsque l'on songe :

1° Que c'était la première fois qu'il était donné au prolétariat français de se réunir et de faire entendre sa voix ;

2° Que cette réunion avait lieu cinq ans à peine après les journées de Mai, dans le Paris de la Révolution ouvrière ou sociale du 18 Mars ;

3° Que la première parole des délégués, leur premier acte, avant même — qu'on me passe l'expression — de parler et d'agir, a été, pour se séparer, pour se distinguer de tous les partis politiques existants, en excluant de ses délibérations tout ce qui n'était pas travailleur manuel, délégué de travailleurs également manuels.

Sous cette dernière face surtout, le Congrès de la rue d'Arras constitue un événement de premier ordre, aussi menaçant qu'instructif pour nos politiciens de toutes couleurs.

C'était, en effet, renverser d'un seul coup l'échafaudage d'illusions et de mensonges qui nous masque le véritable état des choses, et affirmer — ce qui n'est que trop conforme à la réalité — que les classes ont survécu à leur abolition nominale d'il y a quatre-vingt-sept ans et que, malgré l'égalité devant le scrutin ajoutée depuis à l'égalité devant la loi, il existe dans cette société française, si unifiée gouvernementalement et administrativement, deux sociétés et deux Frances ayant des intérêts distincts, sinon ennemis.

C'était, d'autre part, signifier à celle de ces deux Frances qui faisait profession, métier de diriger l'autre, que son rôle directeur ou dirigeant était fini, et que la partie de la nation qui n'avait jusqu'alors existé qu'en sous-ordre, *pour* et *par* ceux que Son Opportunisme M. Gambetta appelait, en 1869, « ses frères aînés », entendait vivre de sa vie propre, ne compter que sur elle-même et *fare dà se*, comme on dit de l'autre côté des Alpes.

Et tout cela, qu'on ne l'oublie pas, à l'unanimité, sans phrases, comme la chose du monde la plus simple et la plus naturelle ; ce qui ne laisse pas, on l'avouera, de multiplier encore la portée de la manifestation.

Je puis me tromper, mais, à mon avis, pour rencontrer un fait social aussi considérable, il faut remonter, dans l'histoire, jusqu'en 89, alors que par la bouche de Sieyès, — plus ambitieux et moins libéral que le Quatrième-Etat d'aujourd'hui qui n'a jamais affiché la prétention de refuser à autrui sa place au soleil, tout en réclamant son dû — le Tiers, de *rien*, demandait à être *tout*.

Telle n'est pas — je le sais — la manière de voir de quantité de républicains ou soi-disant tels, qui n'ont pu pardonner à ces premières assises françaises du travail leur caractère exclusivement ouvrier, dans lequel ils veulent voir, en même temps que le gage de leur future « impuissance », une preuve éclatante de « l'ingratitude » et de « l'ignorance en matière d'économie ouvrière » des travailleurs de l'heure présente.

« Ignorance ! » Et pourquoi ? Parce que ce serait à des « bourgeois » que la classe la plus nombreuse et la plus pauvre serait en grande partie redevable des améliorations réalisées jusqu'à ce jour. Mais, outre que ces améliorations sont des plus discutables, qui ne voit que quelques bourgeois ne sauraient constituer la bourgeoisie, et qu'à ce compte-là, parce qu'il s'est trouvé dans la noblesse et le clergé d'avant la Révolution un Mirabeau et un Talleyrand pour prêter la main aux revendications du Tiers-Etat, le Tiers aurait dû considérer comme ses meilleurs amis les classes dirigeantes d'alors ? Ces individualités bourgeoises, ensuite, que l'on invoque contre ce que l'on appelle le manque de mémoire des travailleurs, quelles sont-elles ? « Schultz-Delitsch », désavoué par le prolétariat allemand tout entier, et dont le système de banques dites populaires, à l'usage exclusif des petits commerçants, patrons, etc., offre ceci d'admirable que le crédit ainsi obtenu est toujours et fatalement en raison inverse du crédit nécessaire. Qui invoque-t-on encore ? « Michel Chevalier, Bastiat, les administrateurs des grands établissements d'Anzin et du Creusot ». C'est à croire à une plaisanterie. Pendant qu'on y était, pourquoi ne pas ajouter à cette liste des « bienfaiteurs de la classe ouvrière » Malthus et... le général de Galliffet ?

« Impuissance ! » Et pourquoi ? Parce que — je cite textuellement — « l'émancipation de la classe laborieuse ne signifiant rien en dehors d'un *modus vivendi* entre le travailleur et le bourgeois qui affranchisse le premier et ne le fasse plus dépendre exclusivement et complètement d'autrui, on ne saurait arriver à ce résultat si les deux intérêts en présence ne se réunissent pas pour délibérer en commun. »

Il y aurait d'abord beaucoup à dire contre cette manière de comprendre l'émancipation ouvrière. Mais je veux admettre que le *XIX*e *Siècle* ait raison. Il s'agit, purement et simplement, d'un *modus vivendi* à établir. En quoi cela empêche-t-il qu'avant « de se réunir pour délibérer en commun », le prolétariat et la bourgeoisie — le prolétariat surtout, qui se cherche encore en partie — se constituent, s'organisent isolément, à part, au mieux de leurs intérêts. L'Europe gouvernementale aussi cherche depuis quelques semaines un mode de conciliation entre la Serbie et la Porte, mais je ne sache pas que, jusqu'à présent au moins, il soit venu à l'esprit de personne de demander la solution du conflit à l'introduction de l'élément turc dans la *Skoupchtina* de Belgrade.

Reste le reproche « d'ingratitude » qu'auraient mérité les délégués de la France prolétarienne, pour avoir laissé au pied de la tribune de la salle des Ecoles la fraction de la bourgeoisie qui a associé sa cause à celle des travailleurs. Et si je l'ai gardé pour le dernier, c'est qu'il repose sur un malentendu des plus dangereux qui ne date pas d'hier et qu'il importe de dissiper au plus tôt.

Oui, sans doute, la classe laborieuse aurait reculé les bornes de l'ingratitude, et, ajoutons-le, de la maladresse, si elle avait jamais eu la prétention de mobiliser au profit des seuls ouvriers manuels l'action réformiste ou révolutionnaire, si elle repoussait, en d'autres termes, systématiquement de son œuvre d'émancipation les ouvriers de la pensée ou de la plume. Mais, loin de refuser à quiconque le droit de coopérer à la régénération sociale qu'elle poursuit, elle a toujours protesté contre l'intention, que lui prêtaient ses calomniateurs, de substituer une classe à une autre, de créer, en un mot, *l'aristocratie des mains calleuses.*

Ce qu'elle soutient, en s'appuyant sur une longue expérience, — et ce que je soutiens avec elle, — c'est que, l'intérêt étant la seule base sérieuse de toute association, les travailleurs manuels, dont les intérêts sont identiques, ne peuvent et ne doivent s'associer, *congresser* qu'entre eux.

Admettre comme sociétaires ou comme délégués dans les sociétés ou dans les congrès de typographes, de maçons, de tisseurs, etc.... des individus qui, si excellentes que soient leurs intentions, ne sont ni tisseurs, ni maçons, ni typographes, ce serait, qu'on le veuille ou non, paralyser, au lieu d'aider, ces sociétés dont le but est l'amélioration des conditions matérielles de ceux qui les composent.

Introduire ensuite dans ces groupes, généralement peu lettrés, des hommes qui ont pour eux la double supériorité de l'instruction et de la parole, sinon de l'intelligence, ce serait mettre ces groupes dans une situation des plus périlleuses pour leur indépendance et les exposer à devenir l'instrument de l'ambition de quelques-uns.

Mais de là à excommunier les hommes de bonne volonté qui, par leur éducation ou par leur position sociale, appartiennent aux classes dirigeantes et qui sortent de leurs rangs pour venir à elle, il y a un abîme.

Loin de refuser leur concours, qu'elle est la première

à déclarer indispensable, la classe ouvrière l'accepte et le demande, mais elle fait appel à leur dévouement pour donner à ce concours la forme qui peut être la plus utile à l'œuvre commune.

Que nous aidions le prolétariat manuel, qui ne saurait avoir la prétention de résoudre à lui seul la question sociale, de nos conseils et de nos lumières dans la presse et dans les réunions publiques — lorsque le droit de réunion nous aura été restitué par les opportunistes — à la bonne heure ! Que dans les cercles populaires, partout, en un mot, où il ne s'agit pas exclusivement du travail et de son organisation, mais d'idées générales et de propagande, nous ayons droit de cité, rien de mieux.

Mais à cela doit se limiter notre action — parce que au delà elle deviendrait un péril et se retournerait contre notre propre but.

Et c'est pourquoi — je ne veux pas en douter — tous ceux qui sont sincères et qui, en se retournant contre les privilèges politiques et économiques de la caste dominante, n'ont d'autre objectif que d'arriver à cette égalité sociale que poursuivent les travailleurs d'aujourd'hui, loin de se froisser d'être *par endroit* et *par instant* tenus à l'écart, n'hésiteront pas à adopter la politique *séparatiste* que je viens d'indiquer et qui peut seule — je le répète — rendre efficace leur coopération.

Il ne s'agit pas en effet — que la réaction cléricale et monarchique le sache bien — d'un divorce entre ouvriers de la même œuvre, mais de deux corps d'armée — si je peux m'exprimer ainsi — partis de points différents pour arriver au même but.

Le Travail des Femmes

Que la femme, que l'ouvrière ne puisse vivre de son travail dérisoirement rétribué, c'est ce qu'a surabondamment établi la série de faits et de chiffres, plus navrants les uns que les autres, produits à la tribune de la rue d'Arras.

Or, à la mise en lumière d'une situation aussi anormale, à la révélation de cette iniquité sociale, qu'ont opposé les Pangloss de l'heure présente et leurs organes? Ont-ils contesté chiffres ou faits? Ont-ils crié à l'exagération? Nullement. Ils ont pris leur plus fin sourire, et de cet air qui voudrait être narquois et qui n'est qu'idiot, ils ont demandé au Congrès ouvrier s'il croyait leur apprendre quelque chose et avoir rien découvert qui ne fût déjà connu.

Pas un d'entre eux qui ait compris que l'aveu contenu dans ce langage était, en même temps que la condamnation la plus terrible du présent ordre de choses, la justification de tous les efforts qui pourraient être tentés pour le changer.

Si, en effet, l'étendue de la plaie vous était connue — et vous vous en vantez ; si, depuis longtemps, la démonstration vous avait été fournie du dilemme monstrueux dans lequel était enfermée la femme du peuple : *la prostitution ou la mort,* comment se fait-il que vous n'ayez apporté au mal aucun remède?

De deux choses l'une : ou vous ne l'avez pas voulu — parce que vous en bénéficiez — ou vous ne l'avez pas pu. A vous de choisir; mais, dans les deux cas, vous n'échapperez pas à la nécessité d'une démission — ou d'une destitution — pour indignité ou pour incapacité.

Ce n'est pas tout.

Ces mêmes hommes, ces mêmes classes dirigeantes qui, depuis 1789, ont eu entre les mains la société toute entière refaite à leur image et à leur usage, qui disposent encore aujourd'hui de notre argent par l'impôt, de nos consciences par l'école et l'église, de nos corps par l'armée, la police, la magistrature, et n'ont pas réussi, dans ces conditions de toute-puissance, à mettre le salaire des femmes au niveau de leurs besoins les plus immédiats, osent reprocher au Congrès ouvrier, aux représentants de cette partie de la nation qui ne jouit même pas de la liberté de se réunir sans autorisation, de n'avoir pas résolu cette même question en quelques heures et en quelques paroles !

Qualifie qui voudra une semblable dérision !

Les conclusions formulées par la première commission et votées à l'unanimité par le Congrès peuvent se réduire aux suivantes :

Création immédiate de chambres syndicales de femmes ;

Répartition du travail sur un plus grand nombre au moyen de la réduction de la journée de travail à huit heures et de la suppression du travail de nuit ;

Application aux ouvroirs, couvents, prisons, de la loi sur le travail des enfants dans les manufactures fixant le *minimum* d'âge à treize ans et la durée du travail à six heures en trois séances ;

Ateliers coopératifs.

Et quelque amélioration qu'on puisse espérer de la mise en pratique de ces conclusions, notamment de la première, il n'est pas douteux — ouvriers et ouvrières sont les premiers à le reconnaître — qu'elles ne renferment pas la solution désirée !

Cette solution, d'ailleurs, — qu'ils me permettent de le leur dire, — était de toute impossibilité dans les termes où la question avait été posée rue d'Arras :

1° Parce que le problème du travail des femmes n'est qu'un des côtés du grand problème du travail en général et ne saurait en être détaché, traité, et surtout résolu isolément ;

2° Parce qu'il se complique d'un autre problème, non moins capital, celui de la femme, de ses rapports avec l'homme et de son rôle dans la société.

Dans l'ordre ou, plus exactement, dans le désordre économique d'aujourd'hui, le travail de l'homme, pas plus que le travail de la femme, n'est rétribué à sa valeur réelle. Mais si le prix de ce travail, comme celui de toute autre marchandise, est abandonné à l'arbitraire de l'offre et de la demande, il existe cependant un *minimum* au-dessous duquel il ne saurait descendre sans mettre en péril les intérêts capitalistes et qui correspond à ce que l'économie politique appelle « le coût de production ou de reproduction » pour les biens ou choses échangeables. De même, en effet, que les produits qui ne rembourseraient pas au moins le producteur de ses frais et dépenses cesseraient bientôt d'arriver sur le marché, de même, si la rémunération du travail ou le salaire devenait inférieur au *tantum* qui est indispensable au travailleur pour ne pas mourir de faim, le travail ne serait plus en mesure de s'offrir ou s'offrirait à un prix exorbitant, par suite de la disparition ou de la diminution des travailleurs.

C'est à ce phénomène — qu'on le sache bien — et nullement à leur humanité, comme Nos Seigneurs les capitalistes voudraient le donner à entendre, que la classe ouvrière, en France et ailleurs, doit de ne pas être plus complètement expropriée, dépouillée des richesses par elle produites.

Or, pour le travail de la femme, rien de semblable ; cette garantie, si insuffisante qu'elle puisse être, que le travail masculin trouve dans l'avidité même du capital, disparaît, et la loi de l'offre et de la demande fonctionne sans *minimum.* Pourquoi ? Parce que, sous l'empire des lois faites par l'homme à son profit exclusif et de préjugés qui ont pénétré jusque dans la classe ouvrière, — ainsi que nous le verrons plus loin — il est convenu, accepté, que la femme n'est pas un être complet, se suffisant, pouvant et devant se suffire à lui-même, mais un être en sous-ordre, une espèce de complément de l'homme, vivant, pouvant et devant vivre de lui.

Dès lors, le travail n'étant plus pour elle qu'un moyen d'existence tout à fait secondaire — contrairement à ce qui se passe pour beaucoup qui en meurent, mais qu'est-ce qui va compter les cadavres ? — sa rémunération n'a plus besoin d'être assez élevée pour lui permettre de subsister. Assurée que la *femme* lui conservera l'*ouvrière* dont elle a besoin et dont les deux bras se retrouveront toujours au moment voulu, l'exploitation industrialiste peut se donner libre carrière et ne pas mettre de borne à ses exigences.

Qu'on juge, d'après ce qui précède, de l'erreur commise par les divers délégués, qui, à la salle des Ecoles, sont venus déclarer « que l'homme, étant le plus fort et le plus robuste, doit gagner de quoi subvenir aux frais d'entretien de son ménage » ; qualifier de « regrettable » le travail des femmes, et répéter, après M. Prud'homme, que « la véritable place de la femme est au foyer ».

Non, quelque supériorité de force que l'on suppose à l'homme et quelque rémunérateur que puisse devenir son travail, il n'est pas possible de condamner la femme à le voir subvenir à son entretien. Moins que personne, les ouvriers qui, par leur émancipation civile et politique, ont appris à connaître le mensonge de toute émancipation non économique, peuvent vouloir éterniser la subordination économique d'un sexe à l'autre. Ce serait vouloir faire de la femme le *prolétaire* de l'homme, sans compter que toute dignité se trouverait du même coup enlevée à des rapports sexuels sans liberté.

Non, la place de la femme n'est pas plus au foyer qu'ailleurs. Comme celle de l'homme, elle est partout, partout où son activité peut et veut se déployer. Pourquoi, de quel droit l'enfermer, la parquer dans son sexe, transformé, qu'on le veuille ou non, en profession, pour ne pas dire en métier ? L'homme aussi, lui, a des fonctions qui répondent à son sexe ; il est mari et père, ce qui ne l'empêche pas d'être médecin, artiste, ouvrier de la main ou de l'intelligence. Pourquoi, de quel droit — si épouse et si mère qu'on la veuille, pour ne pas parler de celle qui n'est ni l'une ni l'autre, la femme ne pourrait-elle pas, elle aussi, se manifester socialement sous la forme qui lui convient le mieux ?

Le mal n'est pas — comme j'aurai l'occasion de l'établir explicitement avant peu — dans le travail, même industriel de la femme, mais dans le prélèvement, dans la *dîme* capitaliste dont le travail féminin, comme le travail masculin, quoique à un plus haut degré, est l'objet. Il est encore dans les entraves mises par les mœurs autant que par les lois à l'action sociale de la femme.

Assurer à la femme comme à l'homme le développement intégral et la libre application de ses facultés. Assurer d'autre part au travailleur, sans distinction de sexe, le produit intégral de son travail. Là est toute la solution — et elle n'est que là.

Le Travail et la Femme

Sans demander positivement que la femme soit exclue des « usines, fabriques et ateliers de toutes sortes », que le champ du travail économique, en d'autres termes, lui soit interdit, ce qui, dans les conditions présentes, aurait pour principal effet de « rendre à l'industrie française toute concurrence impossible avec l'étranger », le Congrès ouvrier s'est montré trop disposé à enfermer l'activité féminine dans le ménage pour que — selon ma promesse — je ne revienne pas sur une tendance que je considère comme néfaste et qui — je suis heureux de le constater — n'appartient pas en propre au prolétariat, mais a été emprunté par lui à ses seigneurs et maîtres.

C'est dans l'intérêt même de la femme — je ne l'ignore pas — que son compagnon de misère voudrait la soustraire à des fatigues « pour lesquelles elle ne serait pas organisée ». En quoi il se distingue du bourgeois qui, dans la prétendue incapacité industrielle et agricole de la femme, n'a en vue qu'une exploitation d'un autre genre. Mais si le mobile est excellent, il n'en est pas de même du moyen et surtout du résultat auquel il conduirait.

Pour peu qu'on examine, en effet, la raison du joug qui pèse sur la classe laborieuse et qu'elle cherche actuellement à secouer, on ne tardera pas à se convaincre qu'elle consiste dans ce fait que les instruments de production, et en conséquence les produits, se trouvent concentrés dans les mains d'une partie de la société qui dispose ainsi de la vie de l'autre partie. Par suite de la monopolisation des biens économiques ou des richesses, il faut à la majorité non possédante passer par tous les caprices de la minorité propriétaire sans laquelle et contre laquelle il ne saurait rien exister.

Or, étant admis que l'homme seul doit produire, étant donné que ce soit lui qui subvienne aux besoins de la femme, à son entretien, qui ne voit que cette dernière se trouvera vis-à-vis de lui dans la même situation, dans la même dépendance que le travailleur actuel vis-à-vis du capitaliste ?

Elle n'existera plus que conditionnellement, dans la limite qui plaira à l'homme ou — ce qui est pis encore — *dans la limite où elle lui plaira.* « Courtisane ou ménagère ! » Rien de moins conforme à la vérité que cette conclusion du trop célèbre inventeur du mutuellisme. Si la femme est forcément ménagère, ne peut subsister en dehors du ménage, elle sera nécessairement courtisane, ce qui constitue cette dernière étant la subordination des rapports sexuels à des considérations étrangères à ces rapports mêmes.

Le travailleur ne saurait donc, sans se rendre coupable à l'égard d'une moitié de l'humanité du déni de justice qu'il reproche avec raison à la bourgeoisie, limiter en quoi que ce soit le droit qui appartient à la femme comme à tout être de vivre en travaillant sans rien devoir à personne.

Ceci, pour la femme, pour sa dignité et sa liberté qui — ne l'oublions pas — constituent la moitié de la liberté et de la dignité humaines.

Mais il est un autre point de vue plus général encore auquel il convient de se placer pour envisager la question qui nous préoccupe, c'est celui de la société tout entière, sans distinction de sexe.

Je ne serai contredit par personne — par l'ouvrier moins que par tout autre — lorsque j'aurai affirmé que l'émancipation du travail ne saurait être trouvée en dehors de son universalisation.

Le généraliser, l'étendre de quelques-uns à tous, tel est l'unique moyen d'en diminuer le poids pour ces quelques-uns.

Or, comment arriver à ce résultat si on commence par réduire, de propos délibéré, le nombre de ceux entre lesquels le travail pourrait et devrait être réparti, en proclamant et en organisant l'oisiveté économique de toute une moitié de la famille humaine?

On ne saurait, d'autre part, se le dissimuler : quelle que puisse être, en matière de digestion, ou d'indigestion, la faculté de la classe jouissante, elle ne saurait suffire à expliquer, à générer la misère que traîne après lui l'ordre social actuel et qui tient évidemment à une insuffisance de production. On répartirait entre tous, aussi équitablement qu'ils le sont peu aujourd'hui, les produits de l'heure présente — surtout les produits alimentaires — qu'on ne réussirait pas à procurer aux besoins de chacun la quantité et la qualité de satisfaction qui constituent le bien-être.

Il sera nécessaire, en d'autres termes — même dans la société de demain — pour réaliser ce *desideratum,* d'augmenter la production. Et comment, sinon en augmentant le travail ?

Ce qui revient à dire que si la répartition, entre tous les membres de la collectivité, du travail exigé par la production insuffisante d'aujourd'hui doit réduire la journée de travail pour chacun à six heures, par exemple, le supplément de production rendu indispensable pour l'universalisation du bien-être devra la porter, au moins momentanément, à sept ou huit heures.

Et c'est en face d'une pareille augmentation de travail commandée au corps social par l'intérêt de tous, qu'arbitrairement, au nom de l'intégrité d'un foyer domestique qui, pour beaucoup, restera à l'état de lettre morte, on pourrait mettre la femme, toutes les femmes, hors de la grande loi du travail !

Il est, d'ailleurs, facile de s'expliquer comment, au risque de rendre à tout jamais insoluble le problème de la suppression de la misère, le travailleur a été amené à vouloir constituer une exception au bénéfice de sa compagne « moins forte et moins robuste ».

Ne connaissant lui-même du travail économique que les mauvais côtés, le *passif,* par lui épuisé sans compensation, pouvait-il ne pas finir par le considérer comme un ennemi, et par essayer d'en défendre femme, fille, sœur ?

Son erreur — et elle ne lui est pas particulière — a été de ne pas distinguer entre le travail en soi et les conditions particulières, accidentelles dans lesquelles il s'opère et s'est opéré jusqu'à présent.

Le travail, le travail économique, n'offre de son essence rien de désagréable, de pénible. Loin de là. Ne consiste-t-il pas dans l'application de l'activité musculaire ou cérébrale à l'utilisation des phénomènes et agents naturels ? Et cette activité du cerveau et des muscles — qui est tout le travail — ne répond-elle pas à un besoin irrésistible de ces organes ?

Pour revêtir le caractère odieux, intolérable qu'il présente le plus souvent encore aujourd'hui, pour se faire haïr de l'homme qui sans lui serait le dernier et le plus misérable des animaux, il a fallu l'exploitation à outrance dont il a été l'objet :

Il a fallu d'abord qu'au lieu d'être le travail pour le travailleur, à son profit, il devint le travail pour autrui, au profit d'autrui ;

Il a fallu, en second lieu, qu'il fut exagéré, poussé au delà des forces humaines, par suite de sa limitation à une fraction du corps social, obligée de suppléer par un *excès* d'activité à l'oisiveté de l'autre fraction ;

Il a fallu enfin, qu'au lieu d'être libre dans sa forme, il fut imposé au plus grand nombre, sans la moindre considération pour les aptitudes spéciales de chacun.

Mais, on ne saurait trop le répéter, débarrassé de cette série d'abus qui ne constituent pas plus le travail que le gui ne constitue l'arbre qu'il étouffe, rendu à sa productivité, à sa durée et à sa liberté naturelles, le travail cesse d'être un fléau pour devenir le premier élément, la condition *sine qua non* de tout bonheur humain. Et à ce travail là, qui oserait contester que la femme ne soit aussi apte, n'ait autant de droits que l'homme ?

Les Syndicats ouvriers et la Bourgeoisie

Lorsqu'en 1791, sur la proposition de Chapelier, l'Assemblée nationale défendit par une loi « toute espèce de corporations de citoyens de même état et profession » elle s'abstenait au moins de distinguer entre les divers intérêts auxquels il était interdit de s'associer, voire de se réunir et elle comprenait dans la même mesure « l'entrepreneur » ou le patron et l'ouvrier.

Ce dernier, sans doute, était la véritable, pour ne pas dire la seule, victime de cette limitation de la liberté individuelle sous prétexte de liberté du travail, puisque l'isolement auquel il se trouvait condamné le livrait sans défense possible à toutes les prétentions, à tous les caprices des Nouveaux Seigneurs du Capital. Mais les apparences au moins étaient sauvées ; on avait encore l'air de maintenir égale la balance entre les deux parties ; il n'y avait pas violation flagrante du principe nouvellement proclamé de l'Egalité de tous devant la loi.

Depuis, ce semblant même d'impartialité a été mis de côté par l'audace croissante du Tiers devenu *tout ;* et pendant que, sous toutes les formes possibles et imaginables, capitaux et capitalistes étaient autorisés, provoqués à se grouper, à se coaliser, pendant qu'on abaissait pour eux les frontières au delà desquelles toute protection et toute garantie leur étaient offertes, le travail seul était maintenu en dehors du droit de réunion et d'association.

C'est ainsi — pour ne pas remonter au delà des dix

---

dernières années — que dès 1868 « l'Association internationale des travailleurs » était poursuivie et condamnée pour avoir — ce sont les termes de l'arrêt — « cherché à améliorer la condition de tous les ouvriers sans distinction de nationalité, et ce, par la coopération, la production et le crédit » ; et qu'en 1871, à travers cette même Association mise hors la loi, c'est la classe laborieuse tout entière qui était visée et atteinte dans le plus grand effort qu'il lui ait jamais été donné de tenter en vue de son émancipation. C'est ainsi encore que plus récemment, alors que pullulaient et que fonctionnaient en toute liberté les syndicats de patrons, alors que les syndicats pouvaient se fédérer et avoir leur organe, non-seulement l'*Union ouvrière* parisienne était dissoute avant, pour ainsi dire, de naître, non-seulement les ouvriers se voyaient refuser l'autorisation de publier un journal, mais la majeure partie de leurs syndicats, à Paris et dans les départements, était impitoyablement frappée par l'arbitraire administratif.

C'était du temps de l'ordre moral, sous la République sans républicains imaginée par M. Thiers... au profit de M. de Mac-Mahon — je ne le nie pas. Mais voici près d'un an que ce régime innommable et innommé a été balayé par les votes populaires, près d'un an que la bourgeoisie républicaine est maîtresse de la Chambre des députés, sinon du Sénat ; elle est au ministère avec MM. de Marcère, Christophe, Waddington — et je ne vois pas que rien ait encore été tenté pour mettre fin à cette *inégalité dans la tolérance*, en attendant l'*égalité dans la liberté* réclamée par le Congrès ouvrier.

Que dis-je ? La classe laborieuse vient à peine dans ce même Congrès de manifester l'intention de reprendre la voie syndicale qui lui avait été fermée en 1872, que déjà les menaces surgissent de toutes parts et que l'on a pu lire dans le journal de M. Léon Say :

« On peut dire que c'est bien un autre Etat que les « ouvriers ont pour but de placer à côté de l'Etat lui- « même, et que, *si on les laissait faire,* ils en auraient « vite fini avec toute résistance individuelle. Les ateliers « indépendants seraient des déserts, et, de gré ou de « force, toute l'armée industrielle s'enrégimenterait « dans des cadres qui lui feraient subir la plus dure des « disciplines. Avant même qu'elles existent en droit, les « associations corporatives ont essayé déjà de se lier « entre elles et de former faisceau sous l'étiquette d'un « Syndicat central, que le gouvernement a supprimé en « 1872. La politique n'y serait pour rien *qu'il n'en serait « pas moins nécessaire pour l'Etat de s'opposer* à ces « combinaisons d'une organisation du travail ne se « réclamant de la liberté que pour instituer l'oppression « universelle ».

Cette dénonciation en règle, cet appel à un nouveau coup de force contre une organisation encore à l'état de projet, calquée, qui plus est, sur l'organisation patronale, est des plus instructifs comme indice de ce que le prolétariat peut et doit attendre de l'Etat, même républicanisé. Et c'est pourquoi je l'ai reproduit intégralement. Quant aux calomnies qui l'étayent, est-il bien nécessaire de les réfuter ?

Lorsqu'à propos du groupement ouvrier par corps de métier préconisé par le Congrès, le *Journal des Débats* parle « d'ateliers vidés de gré ou de force », d' « oppression universelle » et plus loin de « fédération d'ateliers ne laissant plus sortir le travailleur une fois entré », il est impossible qu'il croie lui-même au nouveau spectre rouge qu'il lui plaît d'agiter aux yeux de ses lecteurs.

Il sait — M. Havard, un patron, pourrait le lui apprendre au besoin — que le mouvement corporatif actuel se distingue de l'organisation corporative d'avant 89, précisément en ce que pendant que cette dernière, limitative du travail transformé en monopole, était la plus grave atteinte au droit naturel de chacun de vivre en travaillant, les corps de métier qu'il s'agit de constituer aujourd'hui seront la plus solide garantie, l'organisation même de ce droit pour tous.

Mais on a besoin, rue des Prêtres, que le prolétariat français soit enragé afin de pouvoir le noyer, et l'on n'a rien trouvé de mieux — connaissant l'empire des mots sur un public peu habitué à penser par lui-même — que de lui lancer dans les jambes cette grosse accusation de mettre en péril la liberté du travail.

La liberté du travail en péril? Mais, avant tout, il faudrait pour cela qu'elle existât et que ce qui nous a été légué sous ce nom par la Révolution de la fin du dernier siècle ne fut pas purement et simplement la *liberté d'exploitation des travailleurs*, amenés par leur isolement obligatoire à se faire concurrence les uns aux autres et à s'enlever mutuellement le pain de la bouche. Le travail libre, c'est le travail librement choisi par qui doit l'exécuter, conforme par suite à ses aptitudes, à ses goûts particuliers ; c'est, d'autre part, le travail dont la rémunération, le prix, a pu être librement débattu entre celui qui le vend et celui qui l'achète. Or, je le demande aux économistes, qui est-ce qui préside actuellement à la répartition des travailleurs entre les diverses branches d'industrie, qui est-ce qui règle le taux des salaires ? — L'état du marché, l'intérêt du capitaliste, tout, en un mot, sauf le travailleur qui n'intervient dans le contrat, quel qu'il soit, que pour le subir. Quelle liberté !

Admettons pourtant que nous nous trompions et que le travail soit réellement libre. Par qui, d'après le *Journal des Débats*, cette liberté serait-elle menacée ? — Par le travailleur lui-même, autrement dit par celui qui en bénéficierait. Comprenne qui pourra une pareille énigme !

Ce qui est vrai — et ce qui explique sans la justifier la « grande colère des Père Duchesne » de la bourgeoisie — c'est que les centres ouvriers qu'il s'agit de créer ou plus exactement les organes dont il s'agit de doter la classe laborieuse, en ne laissant plus de place à l'opposition du travailleur au travailleur, dont profite depuis plus d'un siècle le capital fait classe, ne peuvent manquer de diminuer, de réduire les profits de ce dernier. La période du bon plaisir est passée pour lui ; désormais il ne sera plus seul à faire la loi, et il lui faudra compter avec la somme des travailleurs qui, individuellement, sont aujourd'hui devant lui comme s'ils n'étaient pas.

Mais qui oserait soutenir que cette mise en charte de l'absolutisme capitaliste, que cette espèce de constitution qu'il devra subir, ne soit au plus haut degré d'ordre et d'intérêt public ? Comment, ensuite, sans assumer la responsabilité d'une lutte bien au-dessus de son courage, pourrait-il se refuser à un frein qui résulte ou résultera naturellement de la rentrée du prolétariat dans le droit commun ?

C'est, en effet, sur le terrain de la liberté pour tous que s'est placé le Congrès ouvrier dans cette très importante question des chambres syndicales, repoussant toute législation spéciale, n'attendant rien que du libre concours des travailleurs et ne demandant à la

République, acclamée par lui de confiance, que de lever l'interdit dont la classe la plus nombreuse et la plus pauvre est depuis si longtemps frappée.

Abrogation de la loi de 1791 qui n'est en vigueur que contre eux, et des articles 291, 292, 293, 294 du Code pénal qui ne laissent de place à la liberté de personne, — pour les travailleurs, tout est là ; et nous verrons dans un prochain article, par l'usage qu'ils entendent et qu'ils pourraient faire de cette liberté rendue à tous, que les travailleurs ont raison.

Les Syndicats ouvriers et la Classe ouvrière

Si grande que soit la peur dont est galopé le capital à la seule idée d'une organisation quelconque du prolétariat venant endiguer ses débordements, elle égale à peine la confiance du travail dans les chambres syndicales que lui permettrait de fonder et de faire vivre la suppression de toutes les entraves apportées jusqu'ici à la liberté de réunion et d'association. Et il n'y a pas à douter que cette confiance soit pleinement justifiée.

L'impuissance dans laquelle s'agite la classe ouvrière, depuis quatre-vingt-sept ans, est en effet tout artificielle; elle résulte d'une législation faite sans elle et contre elle, qui constitue au contraire toute la force — non moins artificielle — de ses adversaires.

Ces lois rapportées, la lutte redevenue égale, le dernier mot ne saurait manquer de rester au travailleur.

C'est même pourquoi — persuadé, comme je le suis, que si *on suicide* quelquefois les classes, elles ne se suicident jamais elles-mêmes — il m'est impossible d'admettre que la caste dominante d'aujourd'hui se dépouille volontairement de privilèges légaux en dehors desquels elle cesserait de dominer.

Je ferai cependant comme s'il devait en être autrement, et j'examinerai — aussi brièvement que possible — comment la classe ouvrière entend constituer ses syndicats, ce à quoi elle compte les faire servir et le parti qu'elle pourrait en tirer, toujours dans l'hypothèse d'un retour au droit commun, que je n'espère pas.

Etant admis — ce qui n'est pas contesté dans le peuple travailleur — que la base de toute association est la communauté d'intérêts, et, d'autre part, que ces intérêts ne sauraient être mieux connus et mieux sauvegardés que par les intéressés eux-mêmes, l'élément constitutif des chambres syndicales ouvrières n'était plus à chercher : c'était le corps de métier, les travailleurs des diverses professions ayant évidemment, en outre des intérêts qu'ils partagent avec les autres membres de la grande famille du travail, des intérêts particuliers, spéciaux, dont ils ne sauraient se dessaisir.

Et de fait, c'est à l'unanimité que le Congrès s'est prononcé en faveur de la forme corporative ou professionnelle, ne faisant d'exception que pour les localités où les ouvriers d'un seul métier ne suffiraient pas à composer une chambre syndicale sérieuse. Et encore dans ce dernier cas a-t-il été entendu que la combinaison devait être limitée aux ouvriers de métiers similaires.

Ces syndicats corporatifs, maintenant, ne sont, dans la pensée ouvrière, qu'un instrument, un moyen.

« C'est un point de départ et un point d'appui », a déclaré un des délégués de Marseille.

Et plus explicitement, après avoir exposé comment

« ils sont plutôt des comités organisateurs d'autres associations », le délégué de Roubaix a attribué à leur activité :

« L'organisation de l'enseignement mutuel et professionnel ;

« La création de bibliothèques populaires et de sociétés de consommation ;

« La fondation de caisses de retraites. »

Ce n'est certes pas moi qui me plaindrai jamais de ce que le prolétariat étende trop sa sphère d'action et veuille trop faire par lui-même. Rien de ce qui est humain — selon l'expression de Térence — ne doit lui être étranger, et, l'heure venue, il aura à refondre, à mettre en harmonie avec la nouvelle société basée sur le travail, toutes celles des institutions actuelles qui auront encore une raison d'être. Mais à chaque jour suffit sa peine, et si je ne peux qu'applaudir, par exemple, à l'idée de greffer l'école sur l'atelier, il m'est impossible de ne pas observer que la partie la plus importante de sa tâche n'est pas là aujourd'hui. Il m'est impossible surtout de ne pas regretter que le Congrès n'ait pas donné la première place à l'action réparatrice que sont destinés à exercer dans les rapports du travail et du capital des syndicats réellement libres et n'ayant à compter qu'avec l'intérêt de ceux qui les composent.

C'était là — que les délégués me permettent de le leur dire — le côté qu'il importait de mettre en lumière, non pas pour eux peut-être qui savent à quoi s'en tenir sur la portée du mouvement syndical actuel, mais pour la partie de la classe ouvrière qui n'était pas représentée rue d'Arras, et pour vaincre l'indifférence de laquelle on ne saurait trop établir :

1° Que les chambres syndicales ouvrières, en

supprimant la concurrence entre travailleurs, sont appelées à faire disparaître la principale cause de l'avilissement des salaires ;

2° Qu'à défaut de la misère, dont l'abolition est subordonnée à la réunion dans les mêmes mains des deux facteurs de la production, le capital et le travail, aujourd'hui divisés, elles peuvent servir à abolir le salariat dans ce qu'il a de particulièrement odieux et insupportable pour le salarié.

Quant aux moyens à l'aide desquels ces résultats pourraient être obtenus, ils seraient, à mon avis, les suivants, que je signale d'ores et déjà à l'attention du prochain Congrès :

Il faudrait d'abord sortir le plus tôt possible, c'est-à-dire au fur et à mesure de leur transformation, les syndicats de leur isolement et relier entre elles, départementalement et nationalement, sinon internationalement, les chambres de même métier, en même temps que dans tous les centres industriels, au moyen d'un syndicat mixte, on relierait entre elles les chambres de métiers divers.

Il y a dans cette double série — professionnelle et interprofessionnelle — de groupement un élément de force — déjà expérimenté — qu'il importe de ne pas négliger.

Il conviendrait ensuite que chacun des syndicats dressât, dans son milieu particulier, une *statistique du travail* qui devrait être portée à la connaissance de tous les intéressés, et qui permettrait d'effectuer la répartition des travailleurs, de façon à équilibrer le plus possible l'offre et la demande.

Il faudrait enfin et surtout que les ouvriers se déshabituassent de plus en plus de traiter directement

. . . .

avec le capital et obligeassent ainsi ce dernier à passer par leurs syndics. Ce qui — l'économisme politique a dû le reconnaître par la bouche de M. Molinari à propos d'associations ouvrières anglaises déjà entrées dans cette voie — équivaudrait à une véritable suppression du salariat, le travailleur cessant de dépendre d'un patron qui l'exploite sous prétexte de le rémunérer pour devenir une espèce d'actionnaire d'une compagnie d'égaux dont il partage les risques et les bénéfices.

Cette substitution dans les rapports entre ouvriers et patrons, des corporations aux individualités, qui est à mes yeux de la dernière urgence, ne s'effectuera, je ne l'ignore pas, que peu à peu, progressivement.

Mais il y aurait en tous cas un premier pas à faire.

Les Conseils de Prud'hommes

Il suffit de jeter les yeux sur les conseils de prud'hommes — tels qu'ils fonctionnent aujourd'hui — pour savoir à quoi s'en tenir sur la prétendue abolition des classes opérée civilement en 1789 et politiquement en 1848.

Il n'y a plus de classes — la bourgeoisie même républicaine le proclame chaque jour par la voix de ses mille journaux ; — et dans un tribunal arbitral, destiné à conjurer ou à résoudre à l'amiable les conflits entre deux ordres d'intérêts aussi divers que ceux du travail et du capital, la balance n'est pas tenue égale entre les deux parties : une majorité factice se trouve être assurée aux plus forts, aux patrons, en conséquence de l'attribution au gouvernement de la nomination du président, du vice-président et des secrétaires !

Il n'y a plus de classes ; — et, depuis vingt-huit ans que la classe ouvrière poursuit le redressement de cette injustice ;

La République du gouvernement provisoire a pu faire place successivement à la République de l'état de siège de Cavaignac, à la République présidentielle de M. Louis Bonaparte, à la présidence décennale du Deux-Décembre, à l'Empire de 1852-1870, à la République du 4 Septembre, à la trêve des partis de Bordeaux, à la République sans républicains de M. Thiers, au septennat de M. de Mac-Mahon et à la République légale de l'heure présente ;

Sept fois le pays a pu avoir la parole dans des élections générales ;

Une élection présidentielle et trois plébiscites ont pu avoir lieu ;

Sans que, dans ce va-et-vient de tous les partis politiques au pouvoir, il se soit trouvé personne pour faire droit à une réclamation aussi légitime !

C'est ainsi que le Congrès ouvrier de 1876 a dû réclamer pour les conseils de prud'hommes l'élection de leurs bureaux. Mais à cela ne se sont pas bornés ses *desiderata.*

Il a réclamé, entre autres mesures destinées à rétablir l'équilibre entre la partie ouvrière et la partie patronale, des conseils ;

L'électorat des conseillers basé sur la liste électorale politique ;

La suppression de tous les frais judiciaires ;

L'attribution d'une indemnité aux conseillers ;

La réduction du mandat à trois ans ;

La publicité des séances.

Rien de mieux fondé que cette série de revendications, à l'appui desquelles je me bornerai à faire observer :

Que, par suite des conditions arbitrairement mises à l'électorat des prud'hommes ouvriers, pendant que les quatre mille patrons que l'on compte à Paris sont tous électeurs, sur les cent cinquante mille ouvriers qui composent les deux cents corporations parisiennes, c'est à peine si cinq mille sont appelés à voter ;

Que la majeure partie des contestations portent sur les salaires, c'est-à-dire sur l'existence même du travailleur, et que ce dernier n'a pas souvent les moyens pécuniaires de poursuivre le patron réfractaire, à qui le dernier mot se trouve toujours ainsi assuré ;

Que le prud'homme ouvrier, qui n'a que son travail pour vivre, ne saurait, sans une indemnité correspondante, prélever sur sa journée le temps nécessaire pour atteindre à la compétence du prud'homme patron, en même temps que la dépendance économique dans laquelle il se trouve vis-à-vis du capital expose ses mandants à n'être plus représentés que nominalement pendant six ans ;

Et que le huis clos actuellement en vigueur est tout à l'avantage de la partie patronale, dont il favorise les tentatives d'intimidation et de corruption.

Mais, si équitable, si indispensable que puisse être une réorganisation sur de semblables bases de l'institution des prud'hommes, qui sait combien d'années s'écouleront encore, combien il faudra accumuler de congrès ouvriers avant de rien obtenir ?

J'ajouterai — pour ne rien dissimuler — qu'en fût-il

autrement, l'opportunisme républicain, qui a pour unique principe d'ajourner les questions, sous prétexte de mieux les résoudre, fit-il exception pour les prud'hommes, que cette juridiction réformée serait encore loin de présenter pour l'ouvrier les garanties d'une véritable magistrature arbitrale.

On devine facilement pourquoi.

Quelle que puisse être l'égalité établie par la loi entre ouvriers et patrons dans le sein même des conseils, elle se trouvera toujours plus ou moins viciée, détruite par l'inégalité qui, en dehors des conseils, existe forcément entre qui emploie et qui est employé, entre qui ne dépend de personne et qui dépend de tout le monde.

Et cet état de choses ne pourra finir que lorsque le travailleur aura derrière lui des chambres syndicales ou unions de métiers sérieuses sur lesquelles s'appuyer.

Une lecture instructive est celle du *Journal des Débats*, depuis qu'il daigne s'occuper du Congrès ouvrier.

Il y a quelques jours, l'organisation syndicale qui a été préconisée rue d'Arras et mise à l'ordre du jour de la France ouvrière constituait, pour la feuille de la rue des Prêtres, un péril social tel, que, comme la première *Défense* venue, elle partait en dénonciation et appelait sur ce futur « Etat dans l'Etat » les foudres administratives.

Aujourd'hui l'air est changé avec le musicien, quoique l'instrument soit resté le même. A M. Paul Boiteau a succédé M. Leroy-Beaulieu qui s'apitoie, trois colonnes durant, sur l'avenir ou, plus exactement, sur l'absence d'avenir du mouvement syndical actuel, destiné, selon lui, à échouer contre l'indifférence de la classe ouvrière et surtout contre son peu de disposition à s'imposer des sacrifices pécuniaires.

A l'hypocrisie de ces lamentations, il n'y a qu'une réponse à faire : Puisque M. Leroy-Beaulieu est aussi convaincu de l'inanité de l'effort tenté aujourd'hui par le prolétariat français, qu'il persuade son ancien collaborateur, M. Léon Say, d'user de son initiative ministérielle pour saisir les Chambres, à leur rentrée, d'un projet de loi ainsi conçu :

« Les articles 291, 292, 293 et 294 du Code pénal sont et demeurent abolis ».

On verra alors si « le plus grand embarras des chambres syndicales » nées ou à naître, est la rentrée des cotisations, et si « le sentiment de l'intérêt général, celui de sa classe, celui des générations à venir » est aussi faible dans le peuple ouvrier qu'on le prétend rue des Prêtres.

Mais jusque-là, jusqu'à ce que, par suite de la suppression de toutes les entraves apportées par une législation de parti à la liberté d'action des travailleurs, l'expérience ait prononcé contre ces derniers, les classes dirigeantes, dont le *Journal des Débats* est l'organe le plus autorisé, méritent qu'on leur dise qu'elles ne cherchent, en calomniant la classe dirigée, qu'un prétexte pour ne pas nous restituer la liberté de réunion et d'association qui nous est due.

Les Candidatures ouvrières

I

L'étonnement et l'indignation de nos politiciens à voir la classe ouvrière leur rompre en visière et afficher l'intention de ne plus se faire représenter que par des ouvriers, autrement dit par des mandataires ayant les mêmes intérêts que leurs mandants, ne sauraient se comparer qu'à l'étonnement et à l'indignation de la famille Bonaparte atteinte dans ses trente et quelques millions de liste civile par le vote de déchéance de 1871 :

« Comment ! après avoir arraché à la France un blanc-seing, après nous être substituée à elle dans la toute-puissance de son action, nous l'avons épuisée de sang et d'argent pendant dix-neuf ans pour la jeter finalement désarmée sur les baïonnettes prussiennes ; et, au lieu de nous voter des actions de grâces et de se serrer autour de nous dans ce qui lui reste de départements, elle se sépare de nous avec fracas et nous interdit son territoire démembré ? Mais c'est plus que de l'ingratitude, c'est de la trahison ».

L'ingratitude ou la trahison de la classe ouvrière — les deux mots ont été prononcés — est absolument de même calibre. Depuis 1848 qu'à travers les barricades de Février, semées de leurs cadavres, les travailleurs se sont ouvert le chemin des urnes, ils ont partout et toujours confié la défense de leurs intérêts à des candidats sortis de la classe moyenne.

Jamais le moindre doute, pas plus sur le républicanisme de M. Ollivier que sur le socialisme de M. Louis Blanc.

Votes ou fusils, ils se sont toujours mis tout entiers à la disposition de ceux qui s'intitulaient leurs représentants.

Et de cette confiance aveugle, de cette abdication entre des mains non ouvrières, qu'ont-ils retiré en vingt-huit ans ?

Serait-ce une diminution des charges sous lesquelles plient leurs épaules de salariés, un remaniement, dans le sens de la justice distributive, d'un système d'impôts qui est proportionnel, progressif à rebours, prenant plus à ceux qui ont moins et moins à ceux qui ont plus ?

Le projet de budget de M. Gambetta, de près de trois milliards, fournis en majeure partie par les contributions indirectes ou de consommation, répond trop éloquemment, hélas ! à ce premier point d'interrogation.

Serait-ce plus de latitude, plus de facilité pour se mouvoir, pour opposer à la coalition de la féodalité capitaliste le faisceau de leurs forces et de leurs revendications ?

Qui n'a présents à la mémoire la prétendue liberté de coalition de 1867, la loi contre l'Internationale de 1871 et surtout les articles de Damoclès 291, 292, 293 et 294 du Code pénal, suspendus par tous les régimes sur toute initiative ouvrière ?

Serait-ce au moins une garantie contre leur mort inutile sur les champs de bataille de l'ambition de quelques-uns ?

Qu'on se rappelle la première expédition romaine, la prise, ou plutôt la *méprise* de Sébastopol, les guerres de Cochinchine et du Mexique, Mentana, et Sedan sur Frœschwiller, et Metz sur Sedan, et Paris sur Metz !

Il faut avoir le courage de le reconnaître au risque de faire son propre *mea-culpa*, le suffrage, tel qu'il a été pratiqué jusqu'ici, sous la *direction* de la classe moyenne, a été pour le prolétariat français une immense duperie.

Des transportations en masse de Juin 1848, accomplies sous les yeux de la Montagne impassible, aux mitraillades de Mai 1871 contresignées par la Gauche associée à la Droite dans des félicitations aux vainqueurs de Paris que l'histoire aura à qualifier, on ne trouverait peut-être pas un seul acte législatif qui ne soit répressif ou préventif des aspirations prolétariennes.

Pour tout dire en un mot, ceux qui font métier de la représenter auraient voulu faire l'éducation électorale de la France laborieuse, la convaincre de la nécessité de faire elle-même ses affaires, l'amener à intervenir comme classe dans le scrutin, qu'ils n'auraient pas pu procéder différemment. La *sécession* politique proclamée rue d'Arras est leur œuvre. C'est leur désintéressement systématique de tout ce qui intéresse le travail et le travailleur qui l'a provoquée et rendue inévitable.

Et s'il y a lieu d'être surpris de quelque chose, c'est que les victimes de cette situation aient été si longtemps à ouvrir les yeux à l'évidence.

II

En reconnaissant, avec le Congrès ouvrier, que la classe qui nourrit, habille et loge l'autre sans être elle-même à l'abri du froid et de la faim, n'avait retiré jusqu'à présent aucun avantage de son action électorale, qu'elle n'était ni moins décimée par l'impôt, ni moins exploitée par le capital, ni plus libre de ses mouvements qu'avant son admission au scrutin, ai-je entendu accuser l'honnêteté de ceux qui la représentent nominalement depuis des années et en faire autant de « traîtres » à leur mandat ou à la cause populaire?

Loin de moi une pareille pensée.

Je suis persuadé, au contraire, que beaucoup de bancs de gauche étaient et sont encore, comme l'enfer, pavés des meilleurs intentions, et que si rien n'a été fait pour restituer aux travailleurs leur place au soleil, c'est qu'il était impossible de rien faire.

Non, la responsabilité de la stérilité, au point de vue ouvrier, des Chambres représentatives qui se sont succédé en France depuis le 24 Février 1848 ne saurait être attribuée exclusivement à la mauvaise foi des hommes qui les ont composées ou les composent encore aujourd'hui.

Cette stérilité, pour ainsi dire constitutionnelle, tient à une autre cause; et on continuerait à changer les personnes, comme on l'a fait jusqu'ici, qu'on ne ferait que continuer à justifier le mot de feu l'homme d'esprit qui signait Alphonse Karr : « Plus ça change, plus c'est la même chose ».

Il y a quelque trois ans, à propos d'une pétition longuement motivée adressée à la fameuse Commission Ducarre par les mécaniciens, chauffeurs, aiguilleurs et autres employés des chemins de fer, un journal du Midi écrivait :

« Il faudrait se faire une étrange illusion sur le « compte de l'Assemblée réactionnaire qui s'éternise à « Versailles, pour espérer une minute la plus petite « réforme en la matière dont il s'agit. *Composée en « grande partie d'administrateurs ou de gros action-*

« *naires des chemins de fer, l'assemblée est juge et* « *partie dans sa propre cause,* et l'on sait par suite ce « qu'il faut attendre d'elle en pareille circonstance ».

C'était mettre du premier coup le doigt sur la plaie et, en même temps que le mal, indiquer le remède, le seul remède possible.

L'Assemblée de Versailles n'est pas, en effet, la seule parmi nos assemblées qui ait offert une majorité d'administrateurs, d'actionnaires, de gens, en un mot, dont les intérêts sont en opposition avec les intérêts de la classe salariée, de la France laborieuse et sans autre capital que ses bras.

Toutes les Chambres qui ont parlé, légiféré, voté en notre nom depuis 1848, se sont trouvées, par suite de la *qualité* de leurs membres, *être juges et parties dans leur propre cause*. Et, comme la loi de la nature humaine n'est ni le dévouement ni l'héroïsme, propriétaires, industriels, rentiers, commerçants, avocats — pour ne pas parler des princes, ducs et marquis — transformés par la naïveté électorale en représentants, en défenseurs légaux des prolétaires, ouvriers et paysans, ont constamment et presque nécessairement sacrifié aux exigences de leur situation personnelle les réclamations de leurs mandants.

Ils ont été, pour tout dire, plus avocats, plus commerçants, plus rentiers, plus industriels et plus propriétaires que députés, — ce qui, on l'avouera, est dans la logique des choses, et ne saurait surprendre que les esprits habitués à demander des poires à un prunier.

Comment vouloir, par exemple, qu'un certain nombre de Schneider, qui encaissaient à la fin de l'année d'autant plus de millions que la main-d'œuvre s'était trouvée être à plus bas prix par suite de la concurrence entre travailleurs, supprimassent les obstacles qui s'opposaient à l'association, à la coalition des forces ouvrières ?

Comment vouloir que des de Broglie, des Buffet et autres contempteurs du « nombre », qui ne peuvent espérer prolonger leur domination, le monopole gouvernemental de la classe dirigeante, qu'au prix de l'ignorance populaire, de l'abêtissement des masses, organisent l'instruction universelle et intégrale, ouvrent les esprits, et rompent avec l'Internationale noire dont le métier est de préparer les esprits à la servitude ?

Bénéficiant les uns et les autres de la misère et de l'ignorance, comment leur serait-il possible de faire sérieusement la guerre à l'ignorance et à la misère ?

Autant vouloir qu'ils se suicident. Et je l'ai déjà dit, mais il n'est pas inutile de le répéter : une classe quelle qu'elle soit, qu'elle soit fermée comme la Noblesse d'avant 1789, ou qu'elle soit, comme la Bourgeoisie d'aujourd'hui, à l'état de perpétuel recrutement, ne se suicide jamais. Ou elle attend pour le faire, comme la Noblesse de la nuit du 4 Août, d'y être forcée par les événements.

Lors donc que, l'expérience aidant, — une longue, douloureuse et souvent sanglante expérience, — la classe ouvrière est arrivée à comprendre qu'il y aurait folie à déléguer plus longtemps l'exercice de sa souveraineté à des hommes qui ne sauraient en user à son profit qu'à leur propre détriment ;

Lorsqu'elle se décide, comme aujourd'hui, à ne se faire représenter que par des mandataires pris dans son propre sein, c'est-à-dire par des mandataires qui, en opérant pour elle, se trouveront en même temps et fatalement opérer pour eux-mêmes ;

Elle ne fait qu'un acte de bon sens, auquel on ne pourrait reprocher que de venir aussi tard.

N'est-ce pas d'ailleurs la bourgeoisie qui lui a donné l'exemple, lorsqu'elle n'était encore que le Tiers-Etat?

Qu'on se reporte à la convocation des Etats-généraux d'il y a quatre-vingt-sept ans :

N'est-il pas vrai que, comme le prolétariat de 1848, le Tiers aurait pu alors se laisser prendre aux belles paroles des nobles qui se disaient ses amis et réclamaient comme lui la *réforme des abus* existants. Il l'aurait pu d'autant mieux, que les *cahiers* dans lesquels il devait consigner ses volontés ne laissaient point de place au caprice, à la fantaisie de ses futurs mandataires. Mais non, cette garantie qui manque à nos ouvriers par suite de l'interdiction du mandat impératif, formellement inscrite dans toutes nos Constitutions, ne lui parut pas suffisante. Il comprit que, de même que lui seul pouvait avoir une connaissance exacte de ses besoins, lui seul était en mesure de faire valoir ses droits. Les candidats à particule furent, à quelques exceptions près, écartés, et c'est comme classe, comme troisième Etat, *en personne,* qu'il fit son entrée à Versailles. De là, la Révolution qu'il a pu accomplir à son profit exclusif, et qu'en lui empruntant sa méthode, dans ce qu'elle a d'applicable à la situation présente, le prolétariat renouvellera et complètera au profit de tous.

III

Autant un ordre de choses, qui appelait les différentes classes à élire séparément leurs mandataires, offrait de facilités à la représentation directe du Tiers-Etat, autant la représentation directe du Prolétariat rencontre d'obstacles dans les conditions sociales et politiques d'aujourd'hui.

J'ai déjà parlé de la loi du 17 Juin 1791 qui interdit aux travailleurs de se réunir pour discuter et s'entendre « sur de prétendus intérêts communs » et qui suffirait à tuer dans l'œuf toutes les candidatures ouvrières. Mais, en dehors de cette « monstruosité » — l'expression est du *Journal des Débats* — ces dernières ont contre elles :

1° L'idée habilement répandue et entretenue dans les masses par une foule de Jules Simon de toutes grandeurs, que les classes ayant été abolies au grand avantage de tous, ce serait les ressusciter, aller contre cette égalité même que poursuit le peuple travailleur, que de confier la défense des intérêts ouvriers à des ouvriers ;

2° La fiction légale — corroborée malheureusement d'une interdiction qui n'est pas fictive — d'après laquelle, une fois élu, le candidat cesse de représenter exclusivement ceux qui lui ont donné leurs votes pour représenter la totalité des citoyens, la France entière, aussi bien celle qui a voté contre lui que celle qui n'a pas eu à se prononcer sur son compte ; — ce qui, en ne laissant de place à aucun lien, à aucun contrat entre mandants et mandataires, abandonne ces derniers à eux-mêmes, à leur bon plaisir, que quelques-uns appellent encore conscience ;

3° La main mise, et mise nécessairement, sur l'indépendance électorale des salariés par ceux qui les salarient et qui, s'ils ne sont pas candidats eux-mêmes, ont leurs candidats qu'ils n'entendent pas laisser *blackbouler* impunément. « Parler, voter selon sa conscience — c'est Edgar Quinet qui l'écrivait dans sa *République, condition de la régénération de la France* — est un péril pour le travailleur ; ouvrier, il perd ses riches clients ; paysan, on lui retranche son bail. Le voilà, pour un bulletin, sur la paille, lui, sa femme, ses enfants » ;

4° L'état de division, d'éparpillement, d'anarchie dans lequel, la concurrence aidant, les lois restrictives de la liberté d'association tiennent la classe ouvrière, et l'impossibilité qui en résulte, pour qui n'a ni argent, ni journaux, ni loisirs, d'improviser, dans une période électorale de vingt jours à peine, des candidatures acceptables et acceptées par les divers métiers et ateliers ;

5° Les vides iniquement produits dans les rangs électoraux du prolétariat par la condition de six mois de domicile imposés à l'électorat politique. Comme si, en effet, cette mobilité des ouvriers n'était pas motivée par les exigences de la production nationale ; comme si ces *nomades* du travail, où qu'ils aillent, n'étaient pas partout et toujours suivis des mêmes impôts à acquitter, des mêmes lois à subir, du même territoire à défendre, et comme si, à la permanence et à l'ubiquité des devoirs ou des charges, ne devaient pas concorder l'ubiquité et la permanence des droits !

6° Le scrutin d'arrondissement qui multiplie les frais d'élection et présente cet autre inconvénient de ne permettre aux prolétaires de se faire représenter par un des leurs qu'à la condition d'être électoralement la majorité qu'ils sont réellement, dans la société, mais qu'ils ne deviendront que peu à peu, lorsque les chambres syndicales auront pu faire l'unité dans la classe laborieuse.

De ces *impedimenta* — et je n'ai cité que les principaux — les uns, comme on le voit, sont du domaine de l'ouvrier qui peut ou pourra, avec le temps, en débarrasser lui-même sa voie; les autres, au contraire, dont l'origine est dans la législation, échappent à son initiative et ne sauraient disparaître qu'avec le consentement, sinon le concours, de l'Etat.

Et c'est pourquoi — malgré sa très légitime méfiance de l'action gouvernementale — en même temps qu'il se prononçait pour la création d'un organe socialiste destiné à émanciper intellectuellement le prolétariat et à lui servir de centre de ralliement; en même temps, d'autre part, qu'il décidait la « constitution, partout où faire se pourra, d'un jury d'examen composé exclusivement de travailleurs, à l'effet de se rendre compte des capacités et des convictions politiques des candidats », le Congrès ouvrier a conclu — et avec tout le droit possible :

« A la nécessité absolue du retour au scrutin de liste »;

« A ce que tout Français jouissant de ses droits civils et politiques puisse être électeur sans condition de domicile ».

C'est sans doute à ces dernières résolutions qu'a voulu faire allusion M. Jules Simon lorsque, sous les voûtes complaisantes de la Sorbonne, il a protesté contre « toute reconnaissance légitime du droit de la classe ouvrière à une représentation directe ». Mais cette façon de crier : « Au privilège! » comme d'autres, pris la main dans le sac, crient : « Au voleur! » pour donner le change à la police, n'a, dans le cas présent, aucune chance de succès.

Entre ceux qui, sous prétexte que « la loi a mis le

dernier sceau à l'égalité en établissant le suffrage universel direct entre tous les citoyens, sans exception de naissance, de fortune, de profession et même d'éducation », veulent monopoliser entre les mains d'une prétendue « aristocratie du talent » la représentation nationale, se tailler un fief électoral et gouvernemental dans le devoir créé au « nombre » d'abdiquer en faveur des « capacités », et les ouvriers qui ne demandent à l'Etat que de ne pas enchaîner leur liberté d'action, de cesser de les empêcher de se faire représenter par qui bon leur semble, la conscience publique ne saurait hésiter.

Et l'ancien ministre de M. Thiers en 1871, l'ancien collègue de M. de Cissey dans la prise de Paris en sera pour ses frais de calomnie, comme il en a été — les revendications ouvrières aussi nettes, aussi vives, aussi puissantes que jamais en sont la preuve — pour ses frais de bombardement et de fusillades par procuration.

Pour aller, d'ailleurs, jusqu'au fond de ma pensée, je devrais ajouter qu'à la place du Congrès je ne me serais pas montré d'aussi facile composition, et que, profitant de la clause révisionniste inscrite dans la Constitution de 1875, j'aurais saisi l'opinion publique d'un projet de loi ainsi conçu :

« Attendu que le Sénat, tel qu'il est composé « actuellement, ne répond à aucune réalité objective ;

« Qu'inutile, s'il n'agit pas et se borne à enregistrer « les volontés des élus du suffrage universel, il devient « un rouage dangereux, une occasion de révolution « aussitôt qu'il veut faire usage de la puissance qui lui « a été légalement attribuée ;

« Considérant que, par suite de l'opposition existant « entre la qualité *intrinsèque* du député d'hier, d'aujour-

« d'hui, de demain, c'est-à-dire son état de propriétaire,
« de rentier, d'industriel, etc., et sa qualité *extrinsèque,*
« accidentelle, passagère, de représentant, de fondé de
« pouvoir d'ouvriers et de paysans, paysans et ouvriers,
« c'est-à-dire les sept huitièmes de la nation, dont les inté-
« rêts se trouvent naturellement et constamment sacrifiés
« aux intérêts particuliers de leurs mandataires, ne sont
« représentés que nominalement dans nos Parlements :

« Art. 1er. — Le Sénat, tel qu'il a été constitué par
« la loi constitutionnelle du 25 Février 1875, est aboli ;

« Art. 2. — Il lui sera substitué une Assemblée élue
« par état (au sens qu'Alexis Monteil donne à ce mot
« dans son *Histoire des Français),* par corps de métiers,
« chacun de ses membres devant appartenir au corps
« de métier, à l'état qui l'aura élu. »

De même, en effet, que l'on est citoyen, c'est-à-dire membre d'une cité, d'un pays, et *égal* sur ce point aux autres membres du même pays et de la même cité, ce qui n'empêche pas que l'un soit commerçant, l'autre propriétaire, celui-ci patron, celui-là ouvrier, et comme ouvrier, comme patron, comme propriétaire, comme commerçant, *inégal* en moyens d'action ;

De même que, comme citoyens, comme *égaux,* on a des droits, des avantages communs à se garantir les uns aux autres, pendant que, comme commerçants, propriétaires, patrons, ouvriers, c'est-à-dire comme *inégaux,* on a des intérêts distincts, opposés, contraires, à faire valoir les uns contre les autres ;

De même, à côté de la Chambre des députés qui représente les dix millions d'électeurs français dans ce qu'ils ont de commun et *d'égal,* c'est-à-dire leur qualité, leurs droits de citoyens, il ne serait que juste d'instituer une autre Assemblée dans laquelle serait représenté ce *qui distingue les électeurs et les inégalise,* leurs fonctions économiques, sociales ; dans laquelle, en un mot, tout en étant déjà représentés comme citoyens dans la première Chambre, les *ouvriers seraient représentés comme ouvriers, les patrons comme patrons, les propriétaires comme propriétaires.*

Cette *Assemblée des Etats,* qui équivaudrait à une sorte de carte en relief de la France économique, et qui, par cela seul qu'elle mettrait en présence dans leur proportion véritable les diverses forces sociales, serait le plus puissant agent de l'équilibre et de l'harmonie cherchés, aurait pour moi l'immense avantage sur les candidatures ouvrières de provoquer et de hâter le groupement, l'organisation du prolétariat des villes et des campagnes que les candidatures ouvrières ne font que permettre.

IV

De leur entrée dans le Parlement, les travailleurs n'attendent pas leur émancipation économique ou intellectuelle — et avec raison. L'Etat, même l'Etat de M. de Marcère, ne leur dit rien qui vaille. Et tout ce qu'ils lui demandent, ne pouvant pas en faire abstraction, c'est de s'occuper le moins possible de leurs affaires, de ne pas intervenir par une *législation de classe* en faveur de leurs exploiteurs de toute nature.

Du triomphe des candidatures ouvrières ils n'espèrent pas autre chose que la suppression des « nombreuses entraves semées sur leur route » et la restitution des « libertés politiques nécessaires à l'amélioration de leur sort ».

Et quoi qu'en disent le *Temps* et autres organes de la « meilleure des Républiques » il est difficile de nier que leur importance numérique justifie et au delà une espérance aussi modeste.

Qu'ils ne soient pas, en effet, toute la nation, quoi qu'ils en constituent toute la richesse, c'est ce qui est possible ; mais des chiffres mêmes invoqués par nos adversaires, c'est-à-dire :

Ouvriers de la grande et petite industrie.	3.613.094
Journaliers agricoles....................	3.000.000

Il ressort que ces six millions et demi de prolétaires des villes et des campagnes, s'ils étaient en mesure de se concerter et de combiner leurs votes, arriveraient à être majorité dans les corps élus comme ils sont majorité dans le corps électoral.

Je veux cependant mettre les choses au pis, supposer que, pour une raison ou pour une autre, la classe ouvrière ne réussisse pas à obtenir, dans les assemblées gouvernementales, la prépondérance à laquelle elle a droit — et je n'en proclame pas moins utile, opportun, nécessaire, l'effort qu'elle s'apprête à tenter pour se faire représenter directement.

Pourquoi ?

Parce que, quelles que puissent en être les conséquences législatives, fut-il impossible d'arracher électoralement aux classes dirigeantes les libertés nécessaires qu'elles monopolisent, cet effort aura pour effet inévitable de resserrer les rangs du prolétariat, de rallier ses membres dispersés *et divisés par le suffrage universel de 1848 à aujourd'hui*.

On criera tant que l'on voudra au paradoxe, on m'accusera avec M. Jules Simon de « réagir contre les grandes choses » de la République du 24 Février ; mais s'il est pour moi un fait indéniable, c'est que, loin d'avoir apporté une force nouvelle à la France laborieuse, son admission au scrutin, *dans les conditions où elle s'est opérée,* a été pour elle un élément de faiblesse.

Avant 1848, lorsque le cens partageait la nation en deux nations dont l'une n'avait que des droits, pendant que l'autre n'avait que des devoirs, l'union se trouvait naturellement faite, sur la base même de leur exclusion de toute participation à l'administration de la chose publique, entre les victimes de la même exploitation économique et politique.

L'ouvrier, le paysan, tenu par la loi loin des urnes où son sort se décidait sans lui, n'avait à être ni républicain, ni monarchiste ; les divisions politiques lui étaient inconnues ; il restait paysan, ouvrier, exclusivement ouvrier ou paysan, et, comme tel, l'allié naturel, le frère obligatoire de tout ce qui était paysan ou ouvrier contre les seigneurs et maîtres de l'un et de l'autre. Mis hors le pays légal, il n'avait pour ainsi dire qu'à se laisser faire pour se trouver « légion » devant des adversaires oublieux de la vieille devise : *divide ut imperes.*

Au contraire, depuis qu'ils ont été appelés à faire « acte de souveraineté », les prolétaires ont cessé d'être eux-mêmes pour se fondre, se répartir dans les cadres divers et rivaux de la bourgeoisie politicienne, à laquelle ils ont purement et simplement servi d'appoint. Ils sont tombés, en un mot, — qu'ils me passent la comparaison — au rang de ces mercenaires du Moyen-Age, combattant les uns contre les autres sous des couleurs qui n'étaient et qui ne sont point les leurs, pour le plus grand avantage de l'ennemi commun.

Or, les candidatures ouvrières aidant, le travailleur

décidé à ne plus se faire représenter que par un travailleur, la situation est retournée comme un gant. Le suffrage universel devient, comme la lance d'Achille, capable de guérir les blessures qu'il a faites.

D'un des principaux instruments de la désorganisation ouvrière qu'il a été jusqu'ici, le voilà transformé en facteur — et en facteur tout-puissant — du groupement corporatif ou professionnel en dehors duquel le prolétariat ne saurait rien être et rien espérer.

(*Les Droits de l'Homme,* Octobre 1876).

LE COLLECTIVISME
DEVANT LA 10e CHAMBRE

Affaire du Congrès ouvrier international socialiste de 1878

5.

DÉFENSE COLLECTIVE

présentée — au nom des prévenus Coueste, E. Massard, G. Deville, L. Chabry ; Briolle et Boguet (Chambre syndicale des Mécaniciens) ; Vivien (Chambre syndicale des Tailleurs) ; J. Bernard et Damlaincourt (Corporation des Serruriers) ; J. Vaidy, A. Audonnet et S. Paulard (Chambre syndicale des Employés de Commerce) ; Tassotte (Chambre syndicale des Menuisiers) ; Kilchenstein et Chevallier (Chambre syndicale des Mégissiers) ; Gaston Picourt, Gerbaud, L. Boulet, Jeallot et Oriol — par le prévenu Jules GUESDE.

Avant de m'occuper, messieurs, de l'unique chef d'accusation qu'on ait osé maintenir contre nous, et dont le ministère public s'imagine peut-être avoir fait la preuve, alors qu'il n'a réussi qu'à en établir le néant, force m'est, pour empêcher une interversion de rôles non moins contraire à la vérité qu'à notre dignité, de vous faire en quelques mots l'historique du *comment* et du *pourquoi* nous sommes ici.

Car si jamais apparences ont été trompeuses, c'est assurément dans le cas actuel. Puisque, à en juger par la brutalité des arrestations et par la longueur de la prévention cellulaire dont plusieurs d'entre nous ont été l'objet, nous avons l'air de ne comparaître par devers vous que contraints et forcés, alors que la vérité est (comme vous allez le voir) que nous n'avons rien négligé, que nous avons mis tout en œuvre pour provoquer et obtenir les débats qui viennent de s'ouvrir, et que ce procès que nous paraissons subir, c'est nous qui l'avons voulu, cherché, j'allais dire « intenté ».

Il y avait plus de cinq mois, messieurs, que se

tenaient périodiquement, salle Diderot, des réunions privées pour l'organisation du Congrès ouvrier international socialiste, sorti des délibérations du Congrès ouvrier de Lyon ; l'ordre du jour de ce Congrès avait été discuté et arrêté, ainsi que sa date d'ouverture, lorsqu'intervint une interdiction, aussi peu motivée qu'inattendue, de la préfecture de police.

Ces réunions de la salle Diderot avaient toujours eu lieu au su de toute la presse qui avait inséré au fur et à mesure tous les avis de convocation, ainsi que les résolutions prises et l'appel aux travailleurs des départements et de l'étranger. Et lorsque nous fûmes avisés verbalement qu'elles étaient prohibées comme le Congrès lui-même, il se trouva des hommes, parmi lesquels j'étais, pour protester contre ce qu'ils considéraient comme un abus de pouvoir et pour refuser de s'y soumettre.

Les raisons de notre refus ont été exposées dans une Déclaration qui fut en son temps reproduite par les journaux et dont je vais vous donner lecture, — le ministère public ayant eu soin de ne la citer qu'en la mutilant :

« Les soussignés, membres du Comité pour la « réception des délégués à l'Exposition universelle de « 1878 et pour l'organisation du Congrès ouvrier inter- « national socialiste, auxquels se sont joints les délégués « à ce Congrès déjà nommés par les groupes ouvriers ;

« Vu l'interdiction verbalement prononcée contre le « Congrès par la préfecture de police et le ministère de « l'intérieur ;

« Attendu que la classe ouvrière, comme les autres « catégories de citoyens, a des intérêts propres qu'il est

« de son devoir de défendre, et dont la défense ne « saurait être limitée ou entravée par les frontières « nationales politiques ;

« Attendu qu'en profitant de l'Exposition pour « recevoir les travailleurs des autres pays et pour « discuter avec eux certaines questions d'intérêt com- « mun, les travailleurs français, en général, et les « travailleurs parisiens, en particulier, ne font que « suivre l'exemple des *gens de lettres* qui se sont réunis « il y a deux mois en Congrès international, et « des *commerçants et industriels*, dont le Congrès « également international, organisé par les chambres « syndicales PATRONALES, a lieu, en ce moment même, « au palais officiel du Trocadéro ;

« Attendu qu'abaissées, que supprimées ainsi pour « les patrons, les frontières ne sauraient être relevées « arbitrairement et exclusivement contre les ouvriers, « sans que la République se rende coupable d'un de ces « dénis de justice qu'une monarchie même hésiterait à « commettre ;

« Attendu, d'autre part, que la forme de réunions « privées adoptée pour le Congrès ouvrier international « socialiste suffit à le soustraire à l'ingérence de l'admi- « nistration, laquelle n'a ni à l'autoriser, ni à l'interdire, « obligée qu'elle est de n'y voir que l'exercice d'un droit « incontesté et incontestable, un effet de la liberté et de « l'inviolabilité du domicile, quitte — si des délits « venaient à être commis — à traduire leurs auteurs « devant les tribunaux compétents ;

« Attendu, enfin, qu'en organisant le Congrès en « question, les travailleurs parisiens n'ont fait que se « conformer à une décision du dernier Congrès ouvrier « de Lyon ; qu'ils ne sont pas libres de laisser cette

« décision en souffrance; qu'il est, au contraire, de leur « honneur d'en poursuivre et d'en assurer l'exécution ;

« Déclarant pour ces motifs :

« 1° Qu'ils ne sauraient tenir compte d'une interdiction verbale dictée par des intérêts de caste et « dénuée de toute base juridique ;

« 2° Que le Congrès ouvrier international socialiste « aura lieu à la date précédemment fixée, soit du 2 au « 12 septembre 1878 ;

« Et attendu que, faute de continuer à remplir le « mandat qu'ils ont accepté et dont ils ne se sont pas « fait relever, la majorité des membres de la commission « exécutive et des commissions de propagande et de « contrôle doivent être considérés commc démissionnaires ;

« Ils décident qu'une assemblée générale aura lieu à « une époque qui sera ultérieurement indiquée pour « procéder à leur remplacement, et que, d'ici là, tout ce « qui concerne le Congrès devra être adressé aux « citoyens Henri Gerbaud, trésorier provisoire, 214, rue « de Charenton ; Jules Guesde, secrétaire provisoire, « 10, place Dauphine ».

Suivaient 25 signatures — qui devaient amener 23 d'entre nous sur ces bancs.

La réunion générale du comité organisateur, dont il était parlé dans cette pièce, ne put avoir lieu, la salle Pétrelle où elle devait se tenir s'étant trouvée fermée et occupée par M. Elie Fouqueteau et ses agents lorsque nous nous y présentâmes le 24 août dans la soirée.

Mais, sans nous laisser intimider ou décourager par cette nouvelle violence, contre laquelle nous fûmes le soir même une vingtaine à protester collectivement et publiquement, nous persistâmes à tenir le Congrès interdit et traqué, « fût-ce au domicile de l'un de nous ». (Ce sont les propres termes de la protestation).

Et, à cet effet, après une réunion salle d'Arras, consacrée à la réception des vingt-cinq délégués de Marseille à l'Exposition, et dont le même M. Fouqueteau, arrivé trop tard pour la dissoudre, ne put que constater la levée; après un dernier avis adressé à la presse, nous nous acheminâmes chacun de notre côté et avec notre carte nominative d'invitation au domicile personnel et privé du citoyen Finance, 104, rue des Entrepreneurs, à Grenelle, où eurent lieu les razzias qui nous firent aussi arbitrairement qu'inutilement passer par le Dépôt et par Mazas pour arriver à cette barre.

En agissant comme nous l'avons fait, en allant jusqu'au bout de notre résistance à ce qui nous apparaissait, à ce qui devait nous apparaître comme le plus monstrueux des dénis de justice, nous n'ignorions pas, nous ne pouvions pas ignorer ce à quoi nous nous exposions, — quoique les faits, je dois le reconnaître, aient dépassé toutes nos espérances.

Les risques qui nous attendaient dans cette voie nous avaient été dénoncés tout au long par M. le préfet de police lui-même, qui — sans paraître se douter qu'il existe des articles de lois qui prévoient et punissent les *menaces sous condition* — avait imprudemment menacé notre trésorière et notre secrétaire d'alors d'une triple poursuite :

Pour association illicite,

Pour fédération des chambres syndicales,

Et pour affiliation à l'Internationale,

Si nous ne renoncions d'ores et déjà à toute idée de Congrès.

Et nous n'en avons pas moins persévéré dans notre tentative ; et aucun de nous n'a eu, même un instant, la pensée de s'avouer vaincu ou de déserter la lutte, parce que — et j'appelle toute votre attention sur ce point caractéristique, messieurs — les questions soulevées par les agissements contradictoires de la préfecture de police et des organisateurs du Congrès étaient tellement graves, tellement vitales, qu'il fallait qu'elles fussent tranchées quand même, et que le souci de nos intérêts et de notre liberté disparaissait, devait disparaître devant la nécessité de leur solution, quelle qu'elle fût.

Il s'agissait de faire établir expérimentalement si tous les citoyens, comme il se trouve des gens pour le prétendre, sont réellement égaux devant la loi ; ou si, au contraire la loi, faite à l'image et à l'usage d'une classe, défend aux uns, les pauvres, ce qu'elle permet aux autres, les riches. Toutes les variétés de la France capitaliste avaient pu tenir librement et publiquement, à l'abri de l'Exposition universelle, leurs congrès internationaux et y prendre telles mesures internationales qui pouvaient convenir à leurs intérêts particuliers. La France laborieuse, la France au travail de laquelle on devait toutes les merveilles entassées au Champ-de-Mars et au Trocadéro pour l'admiration du monde entier, serait-elle seule exclue de ce droit — qui était devenu le droit commun — et ce, sous la République, sous un gouvernement issu de son suffrage souverain ?

Il s'agissait de faire décider, toujours par les faits, si l'inviolabilité du domicile proclamée par la Constitution de l'an VIII et, par suite, le droit de réunion privée, étaient autant de vérités pour tous ; ou si, au contraire, pour cesser d'être inviolable, il suffit qu'un domicile soit ouvrier, et si les réunions privées ne constituent un droit que pour ceux qui possèdent des salons attenant à leurs nombreuses chambres à coucher ou disposent, par faveur, des édifices publics.

Il s'agissait, en un mot, de mettre l'ordre social actuel au pied du mur et de l'obliger à se prononcer, par ses organes attitrés, sur la véritable place faite par lui au travail et aux travailleurs.

Par suite des exploits policiers du 5 septembre dernier, par suite de l'envahissement avec effraction du local possédé et occupé par le citoyen Finance, et de l'empêchement matériel ainsi apporté à la tenue du Congrès ouvrier international socialiste malgré sa forme de réunion privée, nous savons déjà, au moins en partie, ce qu'il nous importait, ce qu'il importait au prolétariat français de connaître.

Nous savons qu'administrativement, que gouvernementalement — puisque le président du Conseil, M. Dufaure, s'est décidé, par la lettre que vous connaissez, à couvrir son collègue de l'intérieur et son préfet de police — nous savons que l'égalité, je ne dis pas économique, je ne dis pas politique, mais simplement civile, que la bourgeoisie n'a cessé de nous donner pour la conquête la plus précieuse de son 89, ne dépasse pas la limite de la classe dirigeante et possédante ; que, même à huis clos, les salariés ne sauraient faire ce que font au grand jour leurs patrons ou employeurs ; que pour les prolétaires il n'y a ni domicile inviolable, ni réunions privées.

Mais nous savons encore autre chose, dont nous nous doutions, à vrai dire, quelque peu, mais dont il ne saurait nous déplaire d'avoir fourni une nouvelle preuve à nos dépens :

C'est qu'il est possible, en 1878, après 1789, après

1830, après 1848, après 1870, d'empoigner sur la voie publique, comme des malfaiteurs, sans mandats, ou avec de simples mandats de perquisition, des citoyens se rendant paisiblement à l'invitation d'un de leurs amis ;

C'est qu'en violation formelle de la loi, il est possible de perquisitionner, la nuit, jusqu'à l'alcôve de nos femmes et jusqu'au berceau de nos enfants ;

C'est qu'il est possible d'emporter, sans l'apposition du moindre scellé, c'est-à-dire de voler — toujours la nuit — les papiers des citoyens élevés à la dignité de suspects, par un fonctionnaire dont ils ont osé mettre en question l'infaillibilité ;

C'est qu'il est possible d'attendre dans une cellule du Dépôt plus de vingt-quatre heures un premier interrogatoire, même *pro forma,* quitte au commissaire de police qui y a procédé, en se substituant de sa propre autorité au juge d'instruction exigé par le Code, de postdater son procès-verbal et de rentrer dans la légalité par un faux en écriture publique ;

C'est qu'il est possible d'infliger à des prévenus politiques l'affront des menottes, oui, des menottes qu'il nous a fallu subir à plusieurs reprises et en public, tant pour aller à l'instruction que pour nous laisser photographier malgré nous ;

C'est, pour tout dire, que cette légalité bourgeoise dans laquelle on entend nous enfermer comme dans un cercle de fer, la bourgeoisie et ses fondés de pouvoir sont les premiers à la mettre sous les pieds, dès qu'ils y trouvent ou croient y trouver le moindre intérêt.

Ce qui, d'ailleurs, peut nous indigner, mais ne saurait en aucune façon nous étonner, étant donné la nécessité, la fatalité, pour nous démontrée, de l'avortement de la Révolution au siècle dernier entre les mains de ceux qu'on a pu appeler les « nouveaux seigneurs du capital ».

Du moment que, sous les grands mots de liberté et d'humanité, le Tiers-Etat d'il y a quatre-vingt-onze ans ne visait qu'au pouvoir ; que, simple fraction de la nation, il entendait la confisquer à son profit en devenant ce *tout*, dont parlait Sieyès et qu'avaient été pendant des siècles la Noblesse et le Clergé ; qu'il ne poursuivait qu'une substitution de classe ; et que les *Droits de l'Homme*, si pompeusement *déclarés* par lui, n'étaient pas, ne devaient pas être les droits de tout homme, assuré socialement dès sa naissance, et par le seul fait de sa naissance, du développement et de l'application de toutes ses facultés, mais les droits de quelques hommes, de cette fraction de l'humanité assez heureuse pour trouver dans le milieu familial tous les moyens de pourvoir individuellement à sa conservation et à son développement ; du moment que, sur les ruines des charges et des titres héréditaires, il maintenait l'hérédité des fortunes, continuant l'inégalité civile supprimée à son bénéfice par l'inégalité économique dont il bénéficiait ; il était impossible que tous les abus de l'ancien régime contre lesquels il s'était insurgé et qu'il venait de balayer, ne reparussent pas l'un après l'autre ; il était impossible que sa situation de classe privilégiée ne l'amenât pas à user et à abuser du même arbitraire dont s'étaient servies, dont avaient dû se servir avant lui et contre lui les classes privilégiées auxquelles il succédait ; et qu'après avoir commencé par instituer ce qu'il appelait les « formes protectrices de toute liberté et de toute justice », il ne finit pas par piétiner toutes ces formes, incompatibles avec sa domination de caste.

Parce qu'il n'y a pas, messieurs, trois moyens de créer et de maintenir l'ordre, même matériel, dans les sociétés humaines :

Ou la société est fondée sur la justice, sur l'égale répartition entre tous des charges et des avantages, sur l'égale satisfaction des besoins de chacun ; et l'ordre naît et subsiste de lui-même par l'égal intérêt que tous ont à le conserver : c'est la liberté, cette liberté que tous les gouvernements nous ont successivement promise et qu'ils ne nous ont jamais tenue, parce qu'elle n'était pas de leur compétence ;

Ou la société est fondée sur le monopole, monopole d'instruction, de richesse, etc..., et sur l'exploitation, qui en dérive, du plus grand nombre par quelques-uns ; et dans cette société-là, qu'une minorité seule a intérêt à conserver, l'ordre est affaire de force : c'est l'arbitraire et la violence, cette violence et cet arbitraire dont nous sommes aujourd'hui par devers vous les témoins et les victimes.

Il nous reste maintenant à apprendre de vous, messieurs, si toutes ces inégalités, si toutes ces iniquités, si cette mise en interdit de la majorité laborieuse de la nation et la suppression à coups d'argousins du droit de réunion privée pour les prolétaires, si tout cela est *légal* et a pu être opéré *légalement*.

Jusqu'à présent, la préfecture de police et le ministère seuls sont engagés, compromis dans cette très instructive affaire. L'ostracisme dont a été frappée la classe ouvrière reste purement administratif ou gouvernemental. C'est le pouvoir politique qui a seul rompu en visière à un prolétariat trop conscient de son droit et de sa force pour ne pas relever le gant qui lui est jeté.

Il s'agit de savoir de vous, messieurs, si le pouvoir

judiciaire, dont l'indépendance est ou doit être absolue, entend se faire, sinon le complice, au moins l'auxiliaire d'une pareille provocation, en la légalisant pour ainsi dire.

C'est ce qui constitue à la fois votre responsabilité et l'importance toute particulière du verdict que vous êtes appelés à rendre, lequel, s'il ne devait pas aboutir, non seulement au plus triomphal des acquittements, mais à la condamnation la plus formelle de tout ce qui s'est fait contre nous depuis trois mois, en consacrant et en consommant l'excommunication prononcée par tous les organes de la société d'aujourd'hui contre la masse des salariés, obligerait ces derniers, traités en parias, à se considérer comme hors la loi et à agir en conséquence.

Ceci posé — pour que nul n'en ignore — j'arrive sans plus tarder au délit sous l'inculpation duquel sont actuellement poursuivis non pas 39 citoyens ou citoyennes, mais, ce qui est bien différent, 39 délégués ou mandataires de plus de 16 corps d'état parisiens. Et ici, il m'est impossible de ne pas remarquer tout d'abord deux choses :

La première, c'est que les articles 291 et 292 du Code pénal et les articles 1 et 2 de la loi du 10 avril 1834, qui sont suspendus sur notre tête, ont été à plusieurs reprises l'objet d'une demande formelle d'abrogation de la part des mêmes hommes actuellement au pouvoir qui vous demandent de nous les appliquer aujourd'hui. De telle sorte que les républicains gouvernementaux ne se contentent plus de renvoyer à plus tard, aux calendes grecques, comme inopportune, la suppression, plusieurs fois promise à leurs électeurs, des entraves apportées au droit d'association ; mais que libres de laisser dormir ces armes condamnées par eux — comme ils laissent dormir la loi d'expulsion contre les Jésuites — ils en sont arrivés à s'en servir eux-mêmes et à essayer d'en frapper — qui ? — les travailleurs qui ont eu la naïveté de les porter au pouvoir, leurs électeurs ouvriers du 20 février 1876 et du 14 octobre 1877.

Ma seconde observation a trait à la consultation de MM. Crémieux, Albert Joly, Gastineau, etc..., qui a été portée hier à votre connaissance, et dont nous pourrions nous couvrir contre l'accusation qui pèse sur nous, en enfermant votre justice dans le dilemme suivant :

Ou MM. Crémieux, Albert Joly, Gastineau, etc..., ont interprété exactement les lois existantes — et l'association illicite disparaît pour faire place tout au plus à des réunions non autorisées ;

Ou M. Crémieux et ses collègues se sont trompés dans leur consultation ; — et comment pourriez-vous exiger de simples citoyens, travailleurs manuels pour la plupart, qu'ils connaissent mieux les lois de leur pays qu'un ancien garde des sceaux, deux fois ministre de la justice française ?

Mais je renonce, mais nous renonçons, mes amis et moi, au bénéfice de cette consultation, que nous n'avons, à vrai dire, ni provoquée, ni demandée. Et nous disons simplement au ministère public :

L'association non autorisée dont vous essayez de nous accabler n'existe pas, ne peut pas exister :

Elle n'existe pas, parce que, de l'aveu de votre supérieur hiérarchique, M. Dufaure, garde des sceaux de l'heure actuelle, plaidant dans le *procès des Treize* du second et dernier Empire — je cite textuellement — « pour une association, il faut la permanence. On s'organise pour une occasion déterminée (les élections alors, le congrès aujourd'hui) ; ce n'est qu'une réunion, malgré le comité, malgré les listes de souscriptions qui peuvent être produits ou constatés ».

Elle n'existe pas, parce que, en admettant même que, contrairement à l'opinion d'il y a treize ans du présent ministre de la justice, la périodicité des réunions et l'identité des personnes et du local suffisent à constituer une association, malgré la non-permanence du but, l'association qui pourrait résulter des cinq mois de séances du comité organisateur du Congrès ne saurait être considérée comme illicite, la tolérance dont le gouvernement — *averti hebdomadairement par la presse* — les *a couverts jusqu'au 2 août*, emportant au moins une *autorisation tacite*.

Resteraient donc les réunions du comité qui ont pu être tenues depuis le 2 août, autrement dit depuis l'interdiction préfectorale.

Mais à cette époque, vous ne l'ignorez pas, le comité s'est scindé en deux : une partie, la minorité, ceux qu'on a appelé les *« violents »*, insistant pour qu'il soit passé outre à un arrêté qui leur paraissait abusif au premier chef, pendant que la majorité, les *modérés*, bien que non moins révoltés de ce déni de justice, voulaient se soumettre tout en protestant.

Or, de ces deux fractions, la seule qui, d'après l'accusation elle-même, aurait réussi à se réunir à trois reprises différentes, est précisément celle qui se croyait forcée à prendre en considération l'interdiction prononcée. Ce qui, en donnant à ses réunions, si elles ont réellement été tenues, un but absolument différent de celui poursuivi par le comité organisateur du Congrès, suffirait à les retrancher du dossier de la prétendue association.

L'autre fraction, dont nous étions, a bien tenté, elle, de toutes les manières, de reprendre l'œuvre d'organisation interrompue. Forte de son droit, elle avait publiquement pris l'initiative de la convocation à la salle Pétrelle, qu'il n'a pas tenu à elle de faire aboutir. Ces réunions, sur lesquelles on voudrait asseoir l'infraction à la loi de 1834 et aux articles 291 et 292 du Code pénal, nous avons fait — nous le déclarons bien haut — tout ce qu'il était humainement possible pour les avoir ; et si l'intention peut être réputée pour le fait, nous sommes les premiers à revendiquer toute la responsabilité qui peut en découler.

Mais, je le répète, il ne nous a pas été loisible de les tenir. Entre chacune de nos tentatives et leur réalisation s'est interposé, comme un obstacle insurmontable, un procès-verbal sanctionné par un certain nombre d'agents de la paix.

Et quand je dis que, malgré notre volonté bien arrêtée de ne tenir aucun compte du *non volumus* de M. Albert Gigot, nous n'avons pu réunir une seule fois le comité d'organisation, qu'on ne croie pas que j'oublie ou que je tente d'escamoter la réunion de la salle d'Arras que l'on évoque contre nous.

Cette réunion nous appartient, et nous sommes, mes amis et moi, tous prêts à la signer ; mais d'abord, véritable hors d'œuvre, elle n'avait pas pour objet le Congrès lui-même, mais la réception des 25 délégués de Marseille à l'Exposition universelle ; elle se composait ensuite, non pas des délégués des groupes ouvriers au comité organisateur, mais des délégués de ces mêmes groupes au Congrès, dont le mandat annulait nécessairement celui de leurs devanciers.

Le délit à l'aide duquel on nous a transformés en

prévenus est donc, de tous points, imaginaire. Pour aller jusqu'au bout de notre pensée, ce n'a été qu'un *prétexte*.

Un prétexte pour empêcher la tenue d'un Congrès que les classes dirigeantes, M. le Substitut a dû l'avouer, considéraient comme devant être le point de départ d'une révolution dans la classe ouvrière, jusque-là trop généralement dupe de la sophistique économique bourgeoise ;

Un prétexte pour autoriser des arrestations multiples, destinées à terroriser les travailleurs et à les détourner, à l'aide de cette terreur salutaire, de la voie socialiste et révolutionnaire dans laquelle ils tendaient de plus en plus à s'engager ;

De même qu'après les arrestations faites et le Congrès étranglé et enterré, ce même délit maintenu n'a plus été qu'un moyen pour l'autorité politique de se disculper de la série des violences dont lui demandait compte l'opinion publique indignée.

Et si j'emploie ce mot de *prétexte*, c'est en connaissance de cause, sciemment, volontairement, parce que je suis en mesure d'en établir la parfaite exactitude, ne serait-ce qu'à l'aide des variations par lesquelles a passé la prévention à notre égard, avant de revêtir la forme définitive — j'aime du moins à le croire — que vient de lui donner le ministère public.

Si je consulte en effet mon premier interrogatoire subi, non pas le 5 septembre comme le porte faussement le procès-verbal signé Dulac, mais le 6 dans la nuit, c'est « de ce fait que plusieurs convocations sont indiquées sur la même carte d'invitation au « Congrès » que l'on « conclut » à une « association non autorisée ou illicite », alors que depuis, tant dans nos interrogatoires que dans le réquisitoire de M. le Substitut, on s'est soigneusement abstenu d'incriminer un Congrès qui n'a même pu avoir un commencement d'existence.

Comment expliquer, d'autre part — sans se placer à notre point de vue — le fait des arrestations opérées, où ? à Grenelle ! alors que pas une seule des réunions dont on essaie aujourd'hui de constituer cette association en vertu de laquelle nous avons été arrêtés, n'a été tenue dans le XVe arrondissement ?

Pourquoi enfin ce chef d'affiliation à l'Internationale qu'on n'a mis qu'après coup, trois jours après les « scènes » du 5 septembre, à la charge de sept d'entre nous, sinon pour se débarrasser des réclamations de la presse et pour en finir avec les protestations qui se faisaient jour de toute part ?

Un gouvernement, non pas à la poursuite d'un délit constaté, *mais à la recherche d'un délit à créer,* frappant successivement à toutes les portes, rue des Entrepreneurs, salle Diderot, salle Pétrelle, rue d'Arras, et aboutissant, faute d'avoir pu trouver ce délit nulle part, à le mettre partout — tel est le spectacle auquel nous assistons depuis trois mois, spectacle écœurant, s'il en fût, mais surtout absolument incompréhensible, si des déclarations mêmes du ministère public il ne résultait, avec la clarté de l'évidence, qu'au fond de tout ceci il n'y a qu'un coup tenté — à l'exemple, sinon sur l'ordre, de l'Allemagne prussienne — contre le socialisme révolutionnaire français.

Oui, messieurs, ce que l'on poursuit en nous sous le couvert d'association illicite — je n'en veux d'autre preuve que le langage de l'accusation — ce sont les opinions socialistes et révolutionnaires professées par le plus grand nombre d'entre nous ; et ce serait se tromper étrangement sur le compte de l'opinion publique que de s'imaginer qu'on a réussi à lui donner le change sur les « tendances » auxquelles est réellement fait le présent procès, en nous adjoignant des co-prévenus qui peuvent se mouvoir dans un autre ordre d'idées.

Loin d'ailleurs de chercher à dissimuler les tendances qui nous ont valu l'honneur — quelque peu périlleux — d'une assignation en police correctionnelle, nous sommes prêts à les affirmer hautement ici comme partout ailleurs.

Oui, nous sommes de ceux qui poursuivent une révolution sociale, qui croient à la nécessité et à l'inévitabilité en même temps d'un 89 ouvrier. Et savez-vous pourquoi, messieurs ?

C'est que nous pouvons nous dresser devant la société d'aujourd'hui avec le même réquisitoire formulé contre l'ancien régime par le Tiers-Etat d'autrefois ; et qu'à l'appui des revendications du Quatrième-Etat, nous pouvons invoquer les mêmes arguments, les mêmes droits invoqués par le Tiers à l'appui de ses revendications d'il y a 91 ans.

« Tout était privilège, dans les individus, les classes, les villes, les provinces et les métiers eux-mêmes », dit M. Thiers de l'ancien régime et à l'appui de la Révotion dont il prétendait écrire l'histoire.

Tout est aujourd'hui encore privilège dans les individus, les classes, les communes et les professions elles-mêmes, pourrions-nous dire à notre tour de l'ordre social actuel, et à l'appui de la Révolution dont nous entendons non pas écrire, mais *faire* l'histoire.

Privilège dans les individus, dont les uns, le petit nombre, sans agir, avant même d'être capables d'action, trouvent dans leur berceau les moyens d'être tout, d'arriver à tout, science, fortune, dignités ; alors que, pour l'immense majorité, ce même berceau ne contient qu'un lait tari, l'ignorance la plus absolue ou la dérision de l'instruction primaire, les travaux forcés de l'usine ou de la mine dès l'âge de 10 ans et l'éternelle misère du salariat ;

Privilège dans les classes, dont l'une, celle des capitalistes, ne connaît ni frontières, ni loi contre les réunions et les associations, alors que celle des prolétaires voit tous ses mouvements surveillés, entravés et ne peut ni s'entendre pour parer à la concurrence meurtrière que ses membres sont condamnés à se faire entre eux de ville à ville, de pays à pays, ni rechercher en commun — sans s'exposer à être traduits par devers vous — la raison et le remède de leur exploitation ;

Privilège dans les communes, dont plusieurs milliers, chefs-lieux de département, d'arrondissement ou de canton, sont sous le régime de municipalités imposées, dont la plus grande, Paris, n'a pas de municipalité du tout, alors que 30.000 autres s'administrent par des maires et des adjoints de leur choix ;

Privilège dans les professions, dont l'une, celle de prêtres, entraîne l'exemption de l'impôt du sang ; dont d'autres, dites libérales, réduisent pour ceux qui peuvent les embrasser, la servitude militaire de 5 à 1 an, et dont d'autres encore, comme les fonctions publiques, militaires, civiles ou judiciaires emportent pour leurs titulaires une retraite, des indemnités, une pension, alors que le plus grand nombre ne laissent à la vieillesse, à la maladie ou aux infirmités de leurs membres, ouvriers de l'industrie ou de l'agriculture, d'autres ressources que la charité publique ou la mort.

Dans cette même prétendue histoire de la Révolution

française, M. Thiers écrit encore, comme justification de la prise de possession violente du pouvoir par le Tiers-Etat, que le « Tiers comprenait toutes les classes utiles et industrieuses, et que, s'il ne possédait qu'une partie des terres, du moins il les exploitait toutes. »

Or, comment nier, messieurs, que tel soit précisément le cas du Quatrième-Etat, du peuple des salariés, qui, de l'aveu des économistes bourgeois, « constitue toutes les classes productives » et qui, s'il ne possède rien du capital terrien et industriel, est seul à le mettre tout entier en valeur ?

Mais il est inutile que je vous refasse ici, sur de nouveaux frais, le programme et la justification de nos revendications. Ce que nous voulons, ce que nous avons le droit de vouloir, nous l'avons assez souvent dit et écrit à la face du soleil pour qu'il nous suffise de nous citer nous-mêmes, ne serait-ce que pour prévenir le soupçon de ceux qui, ne nous connaissant pas, pourraient nous supposer capables d'arranger, de refaire notre Collectivisme incriminé à l'usage de la 10e Chambre.

Voici, par exemple, ce qu'on a pu lire il y a un an, sous le gouvernement du 16 Mai, dans ce même journal *« L'Egalité »* que M. le Substitut invoquait hier contre nous :

« Ce que nous voulons

« Les Révolutions de 1789 et de 1848, dont se réclament aujourd'hui les conservateurs eux-mêmes, en appellent une troisième qui les complète et en soit, pour ainsi dire, la sanction.

5...

« C'est cette nouvelle révolution, inévitable, que nous voulons et dont l'insurrection lyonnaise de 1831, les journées de juin 1848 et l'explosion du 18 mars 1871, constituent les signes avant-coureurs.

« A l'égalité devant la loi proclamée il y a quatre-vingt-huit ans ;

« A l'égalité devant le scrutin proclamée il y a vingt-neuf ans ;

« Nous voulons ajouter, sinon l'égalité organique et matérielle qui est affaire de temps, de beaucoup de temps, au moins *l'égalité devant les moyens de développement et d'action.*

« Les *droits* ne sont que des paroles vaines pour qui manque des *moyens* de les faire valoir, écrivait Mazzini en 1842.

« Et par suite de *l'inégalité des moyens,* que les révolutionnaires de 89 et de 48 n'avaient pas faite, mais qu'ils eurent le tort de respecter, de consacrer, *l'égalité des droits* civils et politiques qu'ils décrétaient était et devait rester lettre morte pour l'immense majorité du corps social.

« La liberté individuelle devenait une réalité pour la classe possédante qui n'était menacée dans la libre disposition d'elle-même que par les lettres de cachet. Mais pour l'ouvrier, obligé, s'il veut manger et donner à manger à sa femme et à ses enfants, de se vendre, de vendre ses fatigues, sa santé, sa vie à un prix sans proportion aucune avec les valeurs par lui créées, elle n'était qu'un mensonge.

« Mensonge, également, la propriété que la Constitution de 1791 range parmi les « droits naturels et imprescriptibles de l'homme », pour qui non seulement ne possède rien, mais ne se possède pas lui-même et doit servir d'instrument à la fortune d'autrui !

« Mensonge, la sûreté que la même Constitution « définit protection accordée par la société à chacun de ses membres pour la conservation de sa personne et de ses propriétés ! » Le prolétaire n'a pas de propriétés, et quant à sa personne, la société ne la protège ni contre la faim, résultat du chômage, ni contre l'avilissement des salaires amené par la concurrence illimitée, ni contre la mort prématurée dans les puits à charbon, les mines de mercure, les soufrières, etc...

« Mensonge, la liberté de conscience pour qui manque du développement intellectuel et scientifique sans lequel la conscience, c'est-à-dire une opinion raisonnée, positive, n'est pas possible !

« Mensonge, l'accessibilité de tous aux fonctions publiques pour la masse des salariés éloignés par la misère des écoles supérieures, des facultés, pour ne pas dire des écoles primaires, et condamnés à l'atelier, à la manufacture, à la mine, dès l'âge de dix ans !

« Mensonge, la liberté du travail, d'après laquelle « aucun genre de culture, de commerce ne saurait être interdit à l'industrie des citoyens », pour qui n'a ni terre, ni capital, ni crédit !

« Mensonge, l'électorat pour qui ne sait pas lire ou est à la merci d'un maître qui lui demande son bulletin de vote !

« Mensonge, l'éligibilité pour qui a conscience de son ignorance et ne se donnerait pas à lui-même sa voix !

« Faire de ces mensonges autant de vérités pour tous — et ce, de la seule façon dont la chose puisse se faire, c'est-à-dire en assurant aux facultés d'un chacun un égal développement et un champ égal d'application —

voilà ce que nous voulons et ce que veulent avec nous, avant et plus que nous, pourrait-on dire, la justice et l'intérêt général.

« Que notre tentative soit juste, c'est ce que nos adversaires mêmes, les bourgeois de l'heure présente, ne sauraient contester, eux qui ont accompli à la fin du dernier siècle, dans cette petite société qu'est la famille individuelle, la révolution que nous voulons accomplir — et que nous accomplirons, qu'on n'en doute pas — dans la grande famille humaine qu'est la société.

« L'ordre familial d'avant 89, comme l'ordre social d'aujourd'hui, était basé sur l'attribution à quelques privilégiés, remise au hasard de la naissance, de la totalité des ressources du groupe, à l'exclusion et au détriment des autres membres, de beaucoup les plus nombreux.

« C'est ce qu'on appelait le droit de primogéniture ou d'aînesse.

« Et le premier usage que fit de sa victoire le Tiers-Etat, de *rien* devenu *tout*, ce fût d'abolir le droit d'aînesse, ce fût, pour me servir d'une expression de M. Gambetta, « de faire disparaître cet attentat qui consistait à dépouiller les uns au profit d'un seul dans les familles, pour satisfaire l'orgueil de la race », et d'appeler tous les membres de la communauté à une part égale dans le patrimoine commun.

« Or, nous ne poursuivons pas autre chose.

« Nous voulons à notre tour *faire disparaître cet attentat, plus énorme encore, qui consiste à dépouiller dans la société le plus grand nombre au profit du plus petit, pour satisfaire l'oisiveté de quelques-uns ;* nous voulons abolir le droit d'aînesse d'une classe et appeler chaque homme à une égale jouissance du patrimoine de l'humanité restitué à l'humanité.

« Si la substitution de la famille égalitaire à la famille féodale d'autrefois était commandée par l'équité, comment la substitution de la société égalitaire à la société féodale d'aujourd'hui pourrait-elle ne pas l'être ?

« Que, d'autre part, l'intérêt public, social, doive trouver sa satisfaction dans la réalisation de notre programme, c'est ce qu'à défaut de la science le simple bon sens suffirait à établir.

« Qui dit facultés dit forces, c'est-à-dire productivité et richesses. Que penserait-on d'un propriétaire qui laisserait en friche la majeure partie de ses terres, d'un éleveur qui laisserait décimer et épuiser par la faim les neuf dixièmes de ses troupeaux ? Qu'ils sont fous à lier, qu'ils méconnaissent leur intérêt le plus vital. C'est cependant ce que fait, aux applaudissements de ses exploiteurs, la société actuelle lorsqu'elle laisse en friche l'intelligence du plus grand nombre de ses membres, lorsqu'elle laisse la misère paralyser ou briser leurs muscles. Et vouloir, comme nous le voulons, qu'il soit mis fin à un pareil état de choses, que les facultés d'un chacun, indistinctement, soient désormais assurées de leur développement intégral, c'est vouloir que la productivité humaine soit portée à son maximum.

« D'un autre côté, sans matière première sur laquelle s'appliquer, l'activité cérébrale et musculaire, si exercée, si développée qu'on la suppose, est absolument et nécessairement stérile : c'est une roue tournant dans le vide. Or, dans les conditions présentes, cette matière première, ce capital, accaparé, monopolisé par quelques-uns, n'est livré au travail fécondant que dans la mesure qui convient à ces quelques-uns. Le *fonds de production*, pour parler le langage économique, est abandonné à l'arbitraire de l'intérêt individuel. Et vouloir qu'il en soit autrement, que le capital *désindividualisé* soit mis tout entier et toujours à la disposition de l'activité productrice de tous, c'est vouloir que la production sociale soit portée à son tour à son maximum.

« La voie dans laquelle nous avons la prétention d'engager la démocratie française, le but que nous donnons d'ores et déjà à ses efforts, correspondent donc, je le répète, à des exigences d'ordre moral et matériel à la fois.

« Ce que nous voulons n'est pas seulement équitable, c'est l'équité même ;

« Ce que nous voulons est possible ;

« Ce que nous voulons est nécessaire.

« Et c'est pourquoi il faudra bien, de gré ou de force, que nous finissions par l'obtenir. »

Tel est notre socialisme, que nous ne soumettons pas à votre jugement, messieurs, mais que nous n'avons aucune raison de ne pas vous livrer en entier, parce qu'il n'a qu'un but : l'émancipation humaine, le bien-être de tous par le travail et dans la liberté.

Libre après cela au ministère public, qui trouve plus commode de nous accuser que de nous lire et de nous comprendre, libre à lui de nous dénoncer à votre pouvoir discrétionnaire, comme autant d'ennemis de la famille et de la propriété. De pareilles imputations — que nous pourrions lui renvoyer — n'atteignent que leur auteur, dont elles accusent au moins l'ignorance.

Nous, ennemis de la famille ! Mais pour ne rien dire de nos propres familles, de nos enfants, de nos femmes, de nos mères, dont le seul ennemi, aujourd'hui du moins, me paraît être M. le Substitut lui-même qui vous demande de les priver d'un père, d'un mari, d'un fils, est-ce que ce serait nous, par hasard, qui sans le savoir, pour réduire nos frais de main-d'œuvre et augmenter démesurément nos profits, enlevons sa femme à l'ouvrier, sa mère à l'enfant de l'ouvrier pour l'envoyer faire une concurrence homicide à son mari ou à son fils dans des fabriques et des manufactures où son sexe n'est pas moins odieusement exploité que son travail ? Est-ce nous qui — toujours pour encaisser davantage — après avoir enlevé la femme et la mère, enlevons encore au foyer vide le « petit » lui-même pour le convertir dès 9 ou 10 ans, non pas même en machine, mais en valet de machine ? Serait-ce contre nous enfin, et non contre l'avidité des patrons — peu suspects de socialisme, à coup sûr — qu'il a fallu faire des lois comme celle de 1874 pour limiter ce drainage des familles prolétariennes — c'est-à-dire de 80 °/o des familles françaises — et pour veiller à ce qu'au moins, la nuit, l'épouse ne pût être soustraite au lit conjugal, la mère volée au berceau de son enfant ?

Pour que votre famille pût être détruite par nous, messieurs les conservateurs à outrance de l'ordre actuel, il faudrait d'abord qu'elle existât ; que la production capitaliste de l'heure présente ne l'eût pas broyée, émiettée dans l'âpreté de ses engrenages ; qu'elle ne fût pas en un mot un objet de luxe, à la portée seulement d'une petite minorité d'oisifs qui — le flot montant de la prostitution publique et privée en fait foi — ne savent même pas la respecter lorsqu'ils la possèdent.

Organiquement, la famille représente ou devrait représenter, pour les nouvelles pousses humaines, les garanties nécessaires de conservation physique et de développement intellectuel qui n'existent aujourd'hui que pour quelques-uns. Et loin de vouloir détruire ces garanties, aujourd'hui illusoires pour la masse, je le répète, nous entendons en faire autant de réalités pour tous, en les transférant à la commune ou à la collectivité tout entière, qui n'a pas seulement un intérêt supérieur à mettre, dès le début, chacun de ses membres en mesure de produire le plus et le mieux possible, mais possède encore et surtout les moyens d'arriver à ce résultat.

Nous, ennemis de la propriété ! alors que le seul reproche que nous adressions à la propriété d'aujourd'hui, dans sa forme actuelle, laquelle n'a cessé de varier dans le temps et dans l'espace, est précisément d'être trop limitée, trop restreinte; de n'être, de ne pouvoir être que le fait, le privilège d'un petit nombre, et de ne pas exister pour la masse! Alors que notre unique préoccupation, le but exclusif de nos efforts est de l'universaliser, c'est-à-dire de la créer pour chacun et pour tous, de la seule manière dont la chose soit possible, en appelant tous les hommes indistinctement à la co-propriété des capitaux naturels (terres, mines, etc.) et des plus-values successives qu'ils ont pu retirer du travail des générations passées, de façon à ce que disposant sans condition du capital qu'il met en valeur, chacun, transformé en travailleur, puisse jouir du produit entier de son travail !

Après avoir mis chaque homme en mesure de produire, lui assurer la propriété de la totalité des valeurs par lui créées, si c'est cela que le ministère public entend par *destruction de la propriété,* alors, oui, nous voulons détruire la propriété ; mais nous voulons la détruire comme on a détruit en 1848 le droit de vote en le *démonopolisant* et en l'étendant du petit groupe des censitaires à la totalité des citoyens; comme on a détruit en 1873 le service militaire en y astreignant tout le monde, et comme on essaie actuellement de détruire l'école primaire en l'ouvrant gratuitement à tous les enfants, sans distinction !

Il est un point cependant sur lequel M. le Substitut a frappé juste — je ne fais aucune difficulté de le reconnaître. C'est lorsqu'il nous a représentés comme autant d'ennemis de la religion, de toutes les religions, de ce qu'avec la permission de M. de Marcère dans les congrès catholiques, c'est-à-dire internationaux au premier chef, l'ex-capitaine de Mun appelle « les droits de Dieu ». Oui, cela est vrai, nous sommes athées ! Athées comme Diderot, athées comme Fuerbach ! Athées avec Laplace, avec Gœthe, avec Lamarck !

Mais encore n'apportons-nous qu'une ardeur très relative à cette campagne contre un mythe, à laquelle suffit largement la science même bourgeoise d'aujourd'hui, la science des Lyell, des Huxley, des Broca et de cet Hœkel — un Allemand comme mon ami Hirsh — à qui notre ministre de l'instruction publique donnait, il y a deux mois, non pas une cellule à Mazas, mais l'hospitalité de la Sorbonne, et dont l'*Histoire de la création naturelle* ne laisse pas de place pour un créateur.

Que ce soit là, malgré tout, des idées, des théories *subversives* pour le ministère public, c'est ce qui est bien possible, et ce dont pour ma part je n'éprouve pas le besoin de me disculper, au moins jusqu'à ce qu'on m'ait indiqué en quelque matière que ce soit, une idée, une théorie qui ne soit pas *subversive* de quelque chose. L'idée républicaine des fonctions électives est en politique *subversive* de l'idée monarchique des fonctions héréditaires, de même que la théorie galiléenne était en astronomie *subversive* de la *géocentrie* biblique, etc., etc.

De quoi, ensuite, nos doctrines seraient-elles *subversives?* J'ouvre le « Voyage d'Alfred Wallace », le célèbre naturaliste anglais, « à l'Archipel Malais », et je lis :

« En comparaison de nos étonnants progrès dans les « sciences physiques et de leurs applications pratiques, « nos systèmes de gouvernement, de justice adminis- « trative, d'éducation nationale, *toute notre organisation* « *sociale et morale sont à l'état de barbarie.* »

Subversives de la barbarie! telles seraient donc nos idées, nos théories ; outre que ce sont des théories, des idées, et que comme telles vous n'avez, messieurs, aucun droit sur elles.

J'ai dit, messieurs ; mais avant de me rasseoir, en terminant et pour me résumer, je me permettrai — passez-moi l'expression — de mettre votre justice au *défi* de nous condamner.

Vous ne nous condamnerez pas, parce que ni le Congrès ouvrier international socialiste, ni son organisation, en leur qualité incontestable de faits temporaires, momentanés, ne pouvaient donner matière à une association.

Ce n'est pas moi, c'est M. le garde des sceaux, ministre de la justice, qui vous le crie par la bouche du M. Dufaure de 1863.

Mais vous ne nous condamnerez pas pour d'autres raisons encore :

Vous ne nous condamnerez pas, parce que les poursuites sur lesquelles vous êtes appelés à statuer ont été accompagnées, illustrées d'une série de méfaits, violences contre les personnes, arrestations illégales, outrages aux prévenus, violation de domicile, faux en procès-verbal d'interrogatoire, etc., etc..., et que condamner les victimes de ces divers attentats, ce serait, sinon acquitter de droit, au moins couvrir en fait de l'autorité de vos jugements, les fonctionnaires prévaricateurs ;

Vous ne nous condamnerez pas, enfin :

Parce qu'au point de vue de la conservation sociale il y aurait au moins imprudence à montrer une Exposition universelle des produits du travail, qui a abouti avant-hier même à la distribution des récompenses que vous savez aux capitalistes et aux patrons, se soldant pour les travailleurs par une distribution d'amendes et de prison ;

Parce que, comme je le disais en commençant, ce serait donner force de loi à la mise hors du droit commun de la France ouvrière prononcée « par commissaires et non par juges » le 5 septembre dernier ;

Parce qu'en établissant l'existence non pas seulement économique, non pas même politique, mais civile et judiciaire des classes, ce serait mettre la classe sacrifiée dans le cas de légitime défense ;

Et que vous ne voudrez pas, messieurs, assumer gratuitement une pareille responsabilité.

Par jugement en date du 24 octobre,

Sont condamnés :

Jules Guesde, à 6 mois d'emprisonnement et 200 francs d'amende.

G. Deville, à 2 mois d'emprisonnement et 100 francs.

E. Massard et Coueste, à 1 mois et 100 francs.

L. Chabry, G. Picourt, J. Vaidy, Jeallot, S. Paulard, à 15 jours et 50 francs.

Gerbaud, à 8 jours et 50 francs.

Briolle, Boguet, L. Boulet, Vivien, Bernard, Tassotte, Audonnet, Auriol, Damlaincourt et Kilchenstein, à 100 francs.

Chevallier, à 16 francs.

LA PROPRIÉTÉ COLLECTIVE

au Congrès ouvrier socialiste de Marseille, 1879

La Propriété collective

En concluant — ce sont les termes de sa « déclaration » — « à l'appropriation collective du sol, du sous-sol, des machines, des voies de transport, des bâtiments » et autres moyens de production, le troisième Congrès ouvrier de France, tenu à Marseille en septembre-octobre dernier, n'a pas seulement coupé le câble qui retenait notre prolétariat dans les eaux radicales bourgeoises. Il a encore et surtout consommé l'union des prolétaires de tous les pays (l'Angleterre excepté) autour d'un programme commun et unique; — ce que n'avait pu l'*Internationale* elle-même, dont les résolutions collectivistes de Bruxelles et de Bâle avaient eu contre elles les délégués français, les uns dupes, les autres complices de la sophistique proud'honnienne.

Aussi s'explique-t-on facilement les clameurs de colère par lesquelles nos dirigeants les plus républicains ont accueilli cette entrée — définitive — de la France des salariés dans le mouvement socialiste européen. L'*Association internationale des travailleurs* mise hors la loi; Paris pris d'assaut, dix jours de tuerie, Brest, Lorient et leurs milliers d'empontonnés, Satory et ses poteaux d'exécution, la Nouvelle-Calédonie et son peuple de déportés, tout cela pour aboutir en moins de neuf ans à transformer, en partisans à outrance de l'expropriation de la classe capitaliste, les innocents « organisateurs (sur le papier) du crédit et de l'échange » ! Il faut avouer qu'on éclaterait à moins, et que, pour cette fois, les oies du Capitole bourgeois sont pleinement justifiées dans leurs cris d'alarme.

Mais comme on s'est bien gardé, dans les critiques dirigées contre la majorité du Congrès de Marseille, de découvrir le véritable motif de cette bruyante polémique ; qu'on s'est couvert, avec une habileté cousue de fil blanc, de l'intérêt ouvrier compromis, paraît-il, dans des « extravagances d'un autre temps » ; il ne sera peut-être pas inutile de passer brièvement en revue les objections à l'aide desquelles on essaie de faire rebrousser chemin à nos travailleurs, et d'en établir en quelques mots le néant.

Aussi bien aurons-nous ainsi l'occasion de compléter les *considérants* dont le Congrès de Marseille a étayé son collectivisme, en montrant ses revendications en parfaite conformité, non plus seulement avec la justice, mais avec la science et ses données les plus expérimentales.

Que dire tout d'abord de l'argument puisé contre la solution collectiviste de la question sociale dans l'opposition qu'elle serait appelée à rencontrer dans les campagnes ? Cette opposition sera-t-elle aussi vive et aussi générale qu'on le prétend, lorsqu'il aura été possible d'exposer au paysan qu'en échange de la propriété toute nominale de son lopin de terre il s'agit de lui assurer, par la co-propriété de tout le sol socialisé ou nationalisé, la propriété, réelle celle-là, du produit tout entier de ses efforts ? Il est permis au moins d'en douter, étant donné surtout que, sous l'empire de la concurrence, son lopin de terre est destiné fatalement à aller plus ou moins rapidement « arrondir » la grande propriété voisine. Mais en fut-il autrement que le *non volumus* rural n'en constituerait pas moins le plus étrange des *appels* de la part de gens qui se proclament républicains et contre les revendications républicaines desquels l'Empire et les autres monarchies ont invoqué pendant des années l'opposition des mêmes campagnes à la République. A qui est-il permis d'ignorer que les ruraux, les *pagani* ou païens d'autrefois, ont toujours et partout été les derniers souteneurs du passé contre le présent et surtout contre l'avenir, réfractaires à l'hygiène, à l'école, etc. ? Impossible d'indiquer un seul progrès accompli dans quelque ordre que ce soit qui ne l'ait été contre la masse paysanne qu'il a fallu en quelque sorte violer pour l'amener à se laisser féconder. Loin d'atteindre l'appropriation collective, les préventions de Jacques Bonhomme — si tant est qu'elles fussent insurmontables — se retourneraient comme la plus formelle des condamnations contre l'appropriation individuelle, convaincue, par le caractère essentiellement réactionnaire de ses suprêmes champions, d'être — ce qu'elle est d'ailleurs — la plus réactionnaire des institutions.

On n'a cependant pas craint — admirez cet esprit de suite — de reprocher au collectivisme d'être un « retour en arrière », à « l'état sauvage ». Et pourquoi ? Parce qu'à l'origine des sociétés, alors que l'existence familiale n'avait pas encore fait place à une vraie vie sociale, non-seulement le sol, seul capital alors existant, mais les produits du sol, étaient en commun. De cette communauté primitive de tout au profit de tous, à un moment où l'activité humaine comme celle de l'animal se bornait à récolter, on en a conclu au caractère nécessairement rétrograde de la mise en commun des moyens de travail. Comme si certaines institutions des premiers temps de l'humanité, telles que le principe électif, le suffrage universel, n'avaient pas dû plus tard, en pleine civilisation, être reprises et restaurées comme l'expression la plus haute de cette civilisation. Comme si, d'autre part, en voulant socialiser ou nationaliser la partie du sol consacrée à la culture, les ouvriers collectivistes de Marseille faisaient autre chose que suivre l'exemple, que continuer l'œuvre des bourgeois les plus bourgeoisant qui ont déjà socialisé — et ils s'en font gloire — la partie du sol consacrée aux transports et aux communications, routes, ponts, canaux, etc.

Rien de plus facile, certes, que de crier contre le communisme. Mais ceux qui crient le plus haut, savent-ils quelle somme de communisme renferme cet ordre social qu'ils entendent conserver et défendre *per fas et nefas?* Savent-ils, pour me borner à quelques chiffres, que sur les 7.862 hectares que mesure la superficie totale du Paris de 1879, 1942, soit *plus du quart,* sont d'ores et déjà propriété commune ou publique (voies, 1.450 hectares, squares et jardins publics, 177, cimetières intérieurs, 93, etc.), sans que nous en soyons, que je sache, devenus plus « barbares » qu'à l'époque où la presque totalité du sol parisien était possédée individuellement? Savent-ils enfin et surtout que les pays les plus avancés sont précisément ceux où cette propriété publique est la plus étendue, témoin l'Allemagne qui y ajoute les voies ferrées et la France qui ne sera pas longue à l'imiter; de telle sorte que le *degré de civilisation pourrait presque se mesurer à la quantité d'appropriation collective déjà réalisée?*

Les collectivistes, du reste, ne sont pas des communistes dans le sens que l'on a accoutumé à donner en France à ce dernier mot. Ils n'ont jamais, ni à Marseille, ni ailleurs, demandé la mise en commun des fruits du travail, des objets de consommation; pas plus qu'ils ne veulent supprimer toute propriété individuelle. Loin de là ; ce qu'ils attendent de l'appropriation collective des moyens de production, leur but, en la poursuivant, est la constitution, *la création* — dans les limites des produits consommables — *de la propriété individuelle, mais pour tous et fondée sur le propre travail de son titulaire.* Entre eux et les plus entêtés conservateurs de l'heure actuelle il n'y a, en un mot, qu'une différence de quantité. Alors que ceux-ci entendent borner le domaine public ou l'appropriation commune aux routes, aux chemins de fer, aux forêts, etc., les autres, nous autres qu'ils calomnient lorsqu'ils ne peuvent pas nous fusiller, nous voulons l'étendre au sol cultivable, à la mine, à l'usine, etc. Et ce, non-seulement, comme je le disais tout à l'heure, pour assurer aux travailleurs la propriété des valeurs de consommation ou de jouissance sortis de leurs efforts et supprimer ainsi la misère actuellement attachée au travail comme l'ombre au corps, mais encore, sinon surtout, *parce que si elle a été dans le cours de l'évolution humaine la condition de la plus grande production possible, l'appropriation individuelle ou privée des instruments de travail est devenue, avec les machines, la vapeur, les procédés de la culture intensive, etc., le plus grand obstacle à la productivité de notre espèce.*

Il faut, en effet, toute la mauvaise foi ou toute l'ignorance de nos détracteurs pour oser, comme ils le font, intervenir en dernière ressource contre nos conclusions avec la « supériorité économique de la propriété privée », alors que ce qui ressort, avec l'évidence de la lumière, de la rapidité avec laquelle les gros capitaux absorbent les petits, c'est que la propriété privée a cessé d'être le rapport entre l'homme et les choses le plus productif de biens ou de richesses ; c'est que la production privée ou capitaliste, avec laquelle elle ne fait qu'un, n'est plus actuellement qu'une *catégorie historique épuisée.*

Pour qu'il en fut comme ils le voudraient, pour que l'appropriation individuelle des moyens de travail put être, je ne dis pas inséparable de la production *maxima*, mais compatible avec elle, il faudrait :

1° Que les propriétaires privés eussent toujours intérêt à produire le plus possible ;

2° Qu'ils en eussent toujours les moyens.

Ce qui n'est pas, est-il besoin de le dire, et ce qui ne saurait être :

1° Les propriétaires individuels n'ont pas intérêt à faire rendre à la terre tout ce dont elle est capable. Considérez plutôt ce qu'ils entendent par « une bonne année ». Est-ce l'année la plus abondante en blé, en vin, etc. ? Allons donc ! L'excédent de l'offre sur la demande effective, en faisant baisser les prix, diminue leurs bénéfices sous forme de rentes ou sous forme de profit, d'intérêt du capital engagé. C'est ainsi que dans sa réponse du 30 novembre 1821 aux délégués de la Chambre des députés, Louis XVIII pouvait parler des « INCONVÉNIENTS *qui naissent de la* SURABONDANCE DES RÉCOLTES et qu'aucune loi ne peut prévenir ». Et, de fait, la récolte du froment en France qui s'élevait, de 48.157.127 hectolitres en 1817, à 52.879.782 en 1818 et à 63.945.878 en 1819, voyait sa valeur totale tomber de 2.046.000.000 francs à 1.442.000.000 et à 1.170.000.000. L'Economie politique est d'ailleurs ici d'accord avec les faits lorsqu'elle proclame que « la rente baisserait ou s'évanouirait par le fait d'une offre ou d'une quantité plus considérable de produits (1) ». Quoi d'étonnant par suite que les propriétaires évitent de dépasser le *quantum* de production au delà duquel leur rente « s'évanouirait ? » Combien de terres, d'autre part, comme l'*agro romano* (2) qui, drainées, irriguées, cultivées, doubleraient sinon plus la production agricole actuelle ! Mais à l'état de vaine pâture, c'est-à-dire sans travail, sans frais, les revenus qu'elles fournissent à leurs propriétaires princiers suffisent et au delà à tous leurs besoins, leur enlevant jusqu'à l'idée de les mettre en valeur.

2° Les propriétaires n'ont pas les moyens de faire rendre à la terre tout ce dont elle est capable. La petite culture qui résulte de la division de la propriété ou de la multiplication des propriétaires limite la productivité de la terre à la quantité de capital ou de crédit dont disposent ces derniers, en même temps qu'elle augmente les frais de production, ce qui constitue un autre genre de limitation. Sait-on à quel chiffre est évalué par l'agronomie française et anglaise le capital roulant nécessaire pour une culture intensive ? A 600 et à 1.000 francs par hectare. Quelle espérance que, écrasé comme il l'est par l'impôt, par l'usure, par la concurrence de plus en plus écrasante de l'Amérique et de la Russie, Jacques Bonhomme puisse jamais satisfaire à une pareille condition ?

La grande culture — qui accompagne au moins

(1) Lampertico, *Economia dei Popoli e degli Stati*, vol. IV, page 136.

(2) Des derniers chiffres publiés par le ministère de l'agriculture et du commerce, il résulte que, sur une surface totale de 54 millions d'hectares, la France n'en cultive que 49 millions et retire seulement profit de 44 millions et demi.

virtuellement la grande propriété, maintenue législativement, comme en Angleterre, par le droit de primogéniture ou reconstitué, comme en France, fatalement par l'impossibilité pour le petit propriétaire de lutter sur le marché contre le grand propriétaire voisin — la grande culture, bien qu'elle se présente tout d'abord sous un jour plus favorable à la production, aboutit cependant par une autre voie aux mêmes effets limitatifs que la petite culture.

L'écueil contre lequel elle se heurte est le salariat, dont elle est inséparable étant donné la propriété individuelle.

Le cultivateur salarié, c'est-à-dire rétribué arbitrairement, sans proportionnalité aucune avec le résultat ou le produit obtenu, n'apporte pas au travail tous les soins, énergie et économie (dans les semences, dans l'usage de l'outillage) dont il serait susceptible.

D'un autre côté, l'insuffisance du salaire réduit au delà de tout ce qu'on peut imaginer sa capacité productive. Ne ressort-il pas des études physiologiques les plus sérieuses (1) que pour obtenir son rendement *maximum* l'organisme humain a besoin par 24 heures d'une quantité et d'une qualité d'aliments correspondant à 1.500 grammes de pain et à un kilogramme de viande, avec les accessoires obligés en boisson ? Un kilogramme de viande et 1.500 grammes de pain ! Et c'est à peine si, selon les pays, la majeure partie des travailleurs agricoles arrivent à se rassasier de pommes de terre ou de *polenta*.

(1) André Sanson. — *Conditions économiques de la production animale.*

Autres obstacles — et non les derniers — apportés à la production par la propriété individuelle :

a) Elle empêche l'application de la division du travail, de la vapeur, etc., à l'agriculture mise hors la science et livrée à un empirisme épuisant.

b) En donnant lieu à la *rente,* elle crée le *rentier* dont l'oisiveté, bien que constituant, pour la société, une perte sèche (consommation sans production), n'est cependant que le moindre des défauts, maître comme il l'est d'enlever des millions et des millions de bras à l'agriculture pour les employer à des travaux désavantageux ou stériles.

On se plaint — et avec raison — de l'immigration de jour en jour plus considérable des campagnes dans les villes ; mais pourquoi cette immigration, qui est peut-être la principale cause du déficit encore actuellement existant entre les moyens de subsistance et les besoins de la population ? Parce que les salaires industriels, des industries de luxe surtout, sont aux salaires agricoles dans la proportion de 3 à 1. Et par quel miracle les travaux qui ne répondent qu'à la satisfaction de la vanité ou de la fantaisie d'un petit nombre sont-ils mieux rétribués que ceux qui tendent à la satisfaction des besoins primordiaux de tous ? Parce que, en suite de la propriété individuelle, la part des produits annuels qui peut servir d'élément à une nouvelle production — ou le *capital* — est concentré, monopolisé entre les mains de quelques-uns qui l'emploient naturellement à la production spéciale et personnelle qui leur agrée.

c) En partageant la grande famille humaine en possédants et en non-possédants, ces derniers de beaucoup les plus nombreux, évidemment attirés vers ces biens dont ils se trouvent privés et dont ils sont les véritables créateurs, la propriété privée ou *exclusive*, comme on dit en Italie, oblige les premiers, la classe propriétaire, à entretenir sous le nom d'Etat des services dits publics mais purement répressifs ou défensifs de leurs privilèges, tels que police, magistrature, clergé, armée, etc., qui, en Europe seulement, coûtent par an et *volent par suite à la production* plus de 15 milliards.

A ces 15 milliards ainsi consommés improductivement par 10 millions de fonctionnaires de tout ordre, soldats, juges, prêtres, geôliers, bourreaux, inséparables d'un ordre social fondé sur la propriété capitaliste, qu'on ajoute les 10 milliards au bas chiffre que représenterait le travail de ces 10 millions d'hommes *fonctionnarisés*, — et l'on aura une idée de la nature de l'action exercée sur la production par l'appropriation individuelle. Et l'on devra reconnaître qu'en poursuivant la fin d'un pareil état de choses, en voulant « par tous les moyens possibles » briser une forme de la production qui a cessé de répondre aux nécessités de la production moderne, les collectivistes ont pour eux la science, dont ils ne tendent qu'à traduire en faits, à mettre en vigueur, les arrêts souverains.

Ce qui, je le répète, ne laisse à ceux qui nous combattent que le choix entre ne pas savoir ce qu'ils disent ou ne pas dire ce qu'ils savent ; entre se tromper grossièrement, comme il n'est pas permis de se tromper, et tromper sciemment et cyniquement leurs lecteurs devenus leurs dupes.

Il est vrai — et nous n'avons aucune raison de le dissimuler — que ce n'est pas sur ce dernier terrain que le Congrès de Marseille a placé son collectivisme ; qu'il s'est moins préoccupé des conséquences *productives* de l'appropriation sociale des moyens de production que de ses conséquences *distributives ;* qu'il a vu avant tout, dans ce retour à la collectivité, la fin de l'exploitation de l'homme par l'homme, que dis-je ! de l'immense majorité humaine par une chose, plus « Reine du monde » que « l'opinion » de Pascal, *le capital.* Mais, nous le demandons, qui pourrait s'en étonner ou l'en blâmer ?

Composé uniquement de travailleurs, de prolétaires, de victimes en un mot de l'ordre capitaliste, n'était-il pas tout naturel que le côté émancipateur de la solution collectiviste lui suffît ? En quoi ensuite la valeur scientifique de cette solution se trouverait-elle diminuée du fait de sa portée libératrice ?

Oui, en même temps qu'elle favorise la productivité humaine, qu'elle lui donnera tout son essor, la rentrée à la société de tous les instruments de travail marquera le terme de la monstrueuse inégalité qui préside à la répartition et à la consommation d'aujourd'hui.

Oui, en supprimant, en tant que facteur personnel de la production, le capital devenu propriété anonyme et en permettant de la sorte de traiter tous les produits comme les fruits exclusifs du travail, elle en assurera toute la jouissance aux travailleurs.

Oui, sous la seule condition du travail, approprié aux aptitudes et proportionné aux forces d'un chacun, elle créera le bien-être, l'égal bien-être pour tous.

Et seule elle le peut, parce que qui dit propriété privée, individuelle, des moyens de production dit exploitation sans travail, par la minorité propriétaire ou capitaliste, du travail de la masse des producteurs non propriétaires ; parce que le capital individualisé, *personnalisé,* fait le travailleur-outil, n'entrant dans la jouissance des produits généraux du travail que juste pour ses frais d'entretien et de reproduction ; parce que le *capitalisme,* pour tout dire, a pour effet obligé, pour revers nécessaire, le salariat, cette dernière forme — la pire peut-être — de l'esclavage.

Sur ce point, pas de doute possible : ou les instruments de la production deviendront sous la forme collective, sociale ou nationale (peu importe le nom) la propriété indivise et inaliénable des travailleurs associés, — et la division du travail, *seule source de toutes les richesses,* étendue à ses dernières limites fonctionnera au profit de ces travailleurs, de machines en mouvement pour le compte d'autrui, convertis en producteurs pour leur compte et maîtres de la totalité de ces richesses par eux produites.

Ou ils continueront à être, comme à l'heure présente, appropriés par quelques-uns — et, quoi qu'on dise, quoi qu'on fasse, comme ils sont condamnés à s'accumuler, à se concentrer de plus en plus, tous les bénéfices de la division du travail iront à un nombre de plus en plus restreint d'individus, en dehors desquels il n'y aura pour les autres — c'est-à-dire pour la classe accrue des prolétaires — qu'une misère toujours égale.

Notre classe ouvrière a fini par le comprendre ; c'est ce qui l'a faite collectiviste — et ce qui la conservera telle, à quelques rigueurs désespérées que puisse avoir recours une caste à bout de raisons.

(*La Revue Socialiste,* 20 Janvier 1880.)

A ROUBAIX

7e Congrès national du Parti ouvrier français

Le Congrès ouvrier de Roubaix

L'importance des Congrès ouvriers n'est plus à établir après l'action qu'ils ont exercée depuis quelques années, non seulement sur le prolétariat français, mais sur notre bourgeoisie elle-même.

C'est le Congrès de Marseille qui, en 1879, a donné pour but aux efforts, jusque là chaotiques, de nos salariés, l'appropriation collective des moyens de production, réunissant ainsi pour la première fois, dans la conscience de leur mission historique, les travailleurs du monde entier.

Ce sont les Congrès de Paris, du Havre, etc., qui, pour cette révolution économique à accomplir, ont mis la classe ouvrière, constituée en parti politique distinct, sur la voie de l'Etat à conquérir de haute lutte, en même temps qu'ils la dotaient d'un programme électoral capable de grouper sur une série de revendications immédiates le ban et l'arrière-ban des exploités.

Ce sont ces revendications, d'autre part, qui, affirmées par plus de cent mille voix aux élections générales de 1881, ont obligé opportunistes et radicaux à rougir de socialisme leur eau claire politicienne et à promettre — sinon à tenir — des lois ouvrières sur la réduction de la journée de travail, la responsabilité des patrons en matière d'accident, des retraites pour la vieillesse, etc...

Le Congrès qui doit s'ouvrir ce soir à Roubaix ne sera pas, on peut en être sûr, inférieur à ses aînés. A son ordre du jour — que l'on trouvera plus loin (1) et dans lequel le myopisme du *Siècle* voit « un changement de méthode », alors qu'il ne s'agit que d'une étape nouvelle — figure une question rendue plus brûlante que jamais par la crise de surproduction que nous traversons : J'entends parler d'une *législation internationale du travail.*

Dans l'établissement, en effet, par voie de conventions internationales, d'un *maximum* d'heures de travail et d'un minimum de salaire, réside le seul remède qui, dans l'ordre capitaliste, puisse être apporté aux chômages de plus en plus meurtriers dont souffrent périodiquement tous les pays de grande industrie.

Les prolétaires le savent — si les quarante-quatre bourgeois de la Commission d'enquête en sont encore à l'ignorer après je ne sais combien de séances à huis clos. Et, persuadés comme ils le sont par une expérience de près d'un siècle que, même dans la limite du possible, la classe possédante et gouvernante ne se décide à « réformer » que dans la mesure où elle y est contrainte et forcée, ils s'apprêtent à lui imposer cette solution provisoire.

Ce sera l'œuvre du Congrès de Roubaix.

Lorsqu'en 1880 — poussée l'épée dans les reins par ses démocrates socialistes — la République suisse saisit les différents Etats de l'Europe d'un projet de conférence internationale destiné « à régler par une législation combinée la durée et les conditions du travail dans les fabriques, en protégeant partout également les femmes et les enfants », elle n'obtint que des réponses négatives, quand on daigna lui répondre. Pourquoi? Parce que, ou les organisations ouvrières existant dans ces divers pays n'étaient pas assez puissantes pour peser efficacement sur leurs gouvernements, ou — comme les

Trade's-Unions paralysées par des chefs vendus — elles refusèrent d'agir.

Tout autre est la situation aujourd'hui. En même temps qu'ils voyaient décupler leurs forces, les partis ouvriers d'Europe et d'Amérique sont arrivés dans ces trois dernières années au plus parfait des accords sur la nécessité de la même campagne à entreprendre à la fois sur tous les points du monde *machinisé*. Et ils se sont donné rendez-vous à Roubaix pour arrêter en commun le plan de la nouvelle bataille.

D'Allemagne, de Suisse, de Hollande, de Belgique, d'Espagne, sont déjà arrivées les adhésions, en attendant les délégués annoncés. La Fédération démocratique anglaise qui poursuit, comme nous, la nationalisation des moyens de production et compte depuis quelques mois deux vaillants organes : *To day* et *Justice*, a, de son côté, fait choix, pour la représenter, des citoyens Belfort Bax et Quelch.

C'est donc sous les meilleurs auspices que va se mettre au travail le Congrès national — et international — de Roubaix, doublement à la hauteur de sa tâche puisque, pour collaborer à cette première action internationale tous nos grands centres manufacturiers, depuis Lyon jusqu'à Lille, depuis Reims jusqu'à Montluçon, sans oublier Paris, ont mandaté les plus dévoués parmi leurs militants.

Ne dût-il, d'ailleurs, pas aboutir à faire capituler sur ce point spécial le gouvernementalisme bourgeois que le septième Congrès du Parti ouvrier n'en ferait pas moins époque dans l'histoire prolétarienne en consacrant, sous sa forme positive et concrète, l'union des travailleurs de partout contre l'internationalisme de leurs exploiteurs.

L'Œuvre internationale du Congrès de Roubaix

Le septième Congrès national du Parti ouvrier français, qui vient de clore ses travaux après avoir tenu dix séances privées et sept séances publiques et organisé sept grands meetings à Roubaix, à Tourcoing, à Lille, à Gand (Belgique) et à Paris, a été à la hauteur de sa tâche.

Il a tenu tout ce qu'il promettait tant au point de vue extérieur qu'au point de vue intérieur.

Pour la première fois depuis que notre prolétariat a mis la main à son organisation en parti de classe, il a rencontré, pour l'appuyer officiellement et se solidariser avec ses délégués, les prolétariats déjà socialisés d'Allemagne, de Belgique, d'Angleterre, de Hollande et d'Espagne.

Alors que l'Europe n'est plus qu'un vaste camp ; alors que, de quelque côté qu'on prête l'oreille, on est assourdi par le bruit des armes : fusils que l'on transforme et que l'on introduit jusque dans l'école primaire, canons que l'on fore et que l'on roule, torpilles que l'on charge et que l'on essaie ; alors que l'entr'égorgement des peuples est à l'ordre du jour des gouvernements, une voix a été entendue dans Roubaix, disant : « Guerre à la guerre ! »

Et c'était la voix des travailleurs belges, à laquelle s'ajoutait la voix des travailleurs allemands rappelant le renversement de la colonne Vendôme par les travailleurs parisiens et s'engageant à renverser à leur tour les colonnes Vendôme allemandes.

La paix internationale était faite par dessus les Vosges, par dessus les Alpes, par dessus la Manche et par dessus les Pyrénées — disparues dans une accolade fraternelle.

Ce n'est pas tout.

En même temps que, d'un bout à l'autre du vieux monde, les gouvernants ne rêvent que tueries, les possédants se sont entendus pour la chasse aux socialistes. C'est la bourgeoisie allemande qui, par l'organe de M. de Bismarck, réclame deux nouvelles années d'état de siège. C'est la bourgeoisie autrichienne qui suspend les garanties constitutionnelles. C'est la bourgeoisie suisse qui, sur les ruines de son ancien droit d'asile, se fait le gendarme des Hohenzollern et des Hapsbourg, pendant que la bourgeoisie française, mal lavée du sang de Mai, entasse incarcérations sur expulsions.

Et, en face de cette Sainte-Alliance propriétaire, que fait le Congrès de Roubaix ? Il affirme, il signe au grand iour la Sainte-Alliance des dépossédés.

« L'Association internationale des travailleurs — dit Belfort Bax au nom de la *Démocratic Fédération* d'Angleterre et d'Ecosse — a pu être interdite par la loi française ; elle a pu mourir. Mais il est une Internationale qu'aucune loi ne saurait empêcher, qu'aucune loi ne saurait atteindre : C'est l'Internationale des besoins et des revendications du prolétariat des pays dits civilisés. Les peuples peuvent être parqués dans des frontières ; mais l'exploitation capitaliste, la même partout, unit tous les salariés dans le même but à atteindre : la socialisation des moyens de production. »

Et il termine par le cri de : « Vive la Révolution internationale ! »

Le Parti ouvrier socialiste allemand ne s'exprime pas autrement :

« La solidarité des travailleurs de tous les pays n'existe pas seulement dans les idées, elle existe surtout dans les faits. Que les dirigeants, les exploiteurs s'attaquent, se fassent la guerre, rien de plus naturel, car c'est la peau d'autrui, celle des ouvriers qu'ils se disputent ; mais les intérêts des exploités, des opprimés sont partout les mêmes. La question nationale existe pour ceux qui exploitent les nations ; elle ne peut exister pour ceux qui veulent en finir avec cette exploitation... Nous sommes frères, et si nous nous consolons de ne pouvoir, par suite de notre lutte intérieure, nous faire représenter effectivement à votre Congrès, c'est qu'entre frères il n'est point besoin d'ambassadeur. »

Ecoutez maintenant le Parti socialiste ouvrier espagnol :

« Le prolétariat des pays où manque la liberté politique pour l'organisation et pour l'action, fait sien votre Congrès. Il voit dans vos délégués ses propres délégués. »

Et le Parti socialiste belge :

« La cause des travailleurs est une. Nous sommes prêts à mettre en pratique vos viriles résolutions. »

De par le Congrès de Roubaix, voilà donc en pleines persécutions, sous le feu de l'ennemi, pourrait-on dire, la grande armée socialiste reconstituée dans l'unité de la Révolution ouvrière à accomplir.

C'est une nouvelle phase qui s'ouvre dans la lutte générale pour l'affranchissement du travail.

A l'action nationale va succéder l'action internationale (2), la seule féconde à notre époque de chemins de fer et de télégraphes, alors que l'exploitation et la compression ouvrière ne connaissent pas de frontières.

Et n'eussent-ils que cette œuvre à apporter à leurs mandants de tous nos grands centres industriels, que les délégués à notre septième Congrès national pourraient se présenter le front haut.

Ils ont bien mérité du prolétariat universel.

L'Œuvre nationale du Congrès de Roubaix

Les politiciens à tant la ligne — les calomnies se paient à part — qui ont parlé de « contes bleus » et de « sophismes extravagants » à propos du septième Congrès national du Parti ouvrier français, seraient tout ce qu'il y a de plus penaud, s'ils étaient mis en demeure de spécifier ce qui s'est fait à Roubaix.

Pauvres gens de lettres de l'ordre actuel, comme les sous-Rivarol de l'ancien régime, ils *sottifient* sur commande, les yeux fermés, sans savoir le premier mot des choses qu'ils sont salariés pour traîner dans la boue qui leur sert d'encre.

Ce n'est qu'à ce prix qu'ils ont pu « tomber » un Congrès dont le travail, tant théorique que pratique, défie toutes les critiques de la science la plus officielle.

Placés, par la statistique des diverses industries demandée aux ouvriers eux-mêmes, en face de l'évolution économique moderne, les représentants de notre prolétariat ont-ils versé, je ne dis pas dans la phrase, mais même dans le sentiment ? Allons donc ! Avec une précision mathématique, ils se sont bornés à constater — je cite les termes :

1° « Que la misère, l'insécurité et la servitude ouvrières vont croissant avec les applications industrielles et commerciales de la science, avec le progrès du machinisme, avec le développement national et international de l'industrie et du commerce et avec l'énorme augmentation de la richesse sociale ; »

2° « Que la centralisation qui s'accélère dans le domaine de la production et de l'échange fait disparaître la classe moyenne, transforme, par *l'actionnariat* et *l'anonymat*, les propriétaires en oisifs et accumule dans la classe des salariés toutes les activités tant intellectuelles que musculaires. »

Eh bien, qu'il se lève, le Laveleye ou le Paul Leroy-Beaulieu qui, si rétribué qu'il puisse être pour escamoter les phénomènes économiques qui gênent la bourgeoisie, ose contester le bien-fondé de cette double série d'observations au bout desquelles il y a, comme conclusion forcée, la nécessité et la possibilité en même temps de la Révolution collective ou communiste que nous poursuivons!

En dehors des boulevardiers, dont le champ d'étude n'a jamais dépassé le café de Madrid, et qui ne connaissent de leur siècle que l'absinthe Pernod ou les horizontales à l'heure, je ne sache pas qu'on trouve même un demi-savant pour soutenir, soit que nous ayons mal observé, soit que nous ayons mal conclu.

Au point de vue pratique, sur le terrain de l'action immédiate, qu'a décidé le même Congrès, de plus en plus réfractaire à la « déclamation », cette dernière ressource des classes qui s'en vont, comme la bourgeoisie de l'heure présente?

Le Parti comptait déjà trois journaux : le *Travailleur,* de Saint-Pierre-les-Calais, la *Défense des Travailleurs,* de Reims, le *Cri du Forçat,* de Lille, faisant, dans le Nord et l'Est, avec le plus grand succès, l'éducation socialiste de la masse. On s'est occupé des moyens de multiplier ces *écoles mutuelles* des travailleurs par les travailleurs eux-mêmes, en assurant, par la formation d'un comité central de rédaction, la vie prochaine de nouveaux organes dans le Centre et dans le Midi.

Le Parti avait, depuis son Congrès du Havre de 1880, un programme électoral unique, qui lui a permis de se servir impunément du suffrage universel, devenu d'instrument de duperie un moyen d'émancipation, en groupant politiquement les prolétaires, qu'il avait jusqu'alors éparpillés derrière tous les états-majors bourgeois.

Ce programme a été affirmé à nouveau, et il a été résolu à l'unanimité qu'aucun groupe ne saurait entrer dans les élections, tant municipales que législatives, sans l'arborer dans son intégralité (3).

A cette organisation politique — de beaucoup la plus importante, puisque, tant qu'elle ne se sera pas emparée des pouvoirs publics, la classe ouvrière les aura contre elle — le Congrès de Roubaix a ajouté, comme unique moyen, dans la société actuelle, d'enrayer l'exploitation prolétarienne, une organisation corporative réunissant, dans la nécessité du pain quotidien à défendre, les travailleurs d'une même industrie d'un bout à l'autre du territoire (4). Et, prêchant d'exemple, il n'a pas voulu se séparer avant d'avoir jeté les premières bases de deux Unions nationales de métier : celle des tisseurs (Reims, Roubaix, Roanne, Troyes, Lyon) et celle des verriers (Anzin, Montluçon, Lavaveix-les-Mines, etc.) (5).

Telle est — nationalement parlant — l'œuvre de notre septième Congrès, de cette « comédie » comme ont dit les uns, de ce « four » comme ont dit les autres. Et, s'en étonne qui voudra, nous sommes fiers d'un pareil résultat.

Le Congrès de Roubaix n'a pas fait la révolution. Il n'avait pas à la faire. Les révolutions ne s'improvisent pas ; elles sont imposées à la classe sujette par les désordres économiques et politiques nés de l'incapacité de la classe maîtresse, lorsque le rôle historique de cette dernière est épuisé.

Mais le Congrès de Roubaix, en vue de ces bouleversements qui ne peuvent tarder, a préparé et discipliné les forces ouvrières. Il a contribué à les rendre plus aptes à diriger le prochain mouvement révolutionnaire.

Et cela suffirait à sa gloire, n'eût-il pas, comme je l'exposais l'autre jour, ouvert le champ international aux prolétariats des divers pays d'ores et déjà engagés dans une première action commune.

(Le *Cri du Peuple,* 30 Mars-16 Avril 1884).

APPENDICE

(1) *Première question.* — 1° Inventaire des forces productives par région et par localité (nombre des ateliers, des machines, des chevaux-vapeurs, etc.) ; 2° Etat de chaque industrie (chiffre des patrons, nombre des ouvriers, leur sexe et leur âge, salaires, heures de travail, règlements d'atelier, chômages, grèves, etc.) ; 3° Prix des denrées, des logements et des autres objets nécessaires à la vie et leur variation depuis dix ans.

Deuxième question. — Situation politique (campagnes électorales, voix obtenues, chiffre des élus et leur action).

Troisième question. — Des modifications à apporter à l'organisation locale, régionale et nationale du Parti, pour la rendre plus efficace.

Quatrième question. — Le développement de la presse du Parti et des autres moyens de propagande.

Cinquième question. — Le Parti ouvrier *avant, pendant* et *après* la Révolution.

Sixième question. — D'une législation internationale du travail ; de la durée de la journée de travail ; de la concurrence des ouvriers étrangers ; de l'interdiction (en général) du travail de nuit, et d'un Congrès international sur ces questions.

(2) Après avoir affirmé que l'émancipation ouvrière ne peut sortir que de l'organisation du prolétariat en parti de classe, s'emparant révolutionnairement du pouvoir politique pour l'expropriation de la classe capitaliste et l'appropriation sociale des moyens de production ;

Le septième Congrès national du Parti ouvrier, d'accord avec les délégués de la Démocratic Fédération d'Angleterre et d'Ecosse, a adopté à l'unanimité les résolutions suivantes :

1° Il y a intérêt pour les partis socialistes des deux mondes à entreprendre une campagne commune en vue d'une législation internationale du travail ;

2° Cette législation internationale devra porter : *a)* sur l'interdiction du travail des enfants au-dessous de 14 ans ; *b)* sur la limitation du travail des hommes et des femmes ; *c)* sur l'interdiction du travail de nuit sauf certains cas à déterminer d'après les exigences de la production mécanique moderne ; *d)* sur l'interdiction de certaines branches d'industrie et de certains modes de fabrication préjudiciables à la santé des travailleurs ; *e)* sur la fixation d'un minimum international de salaire ;

3° La journée de travail devra être fixée au *maximum* à huit heures, mais le Congrès invite les organisations ouvrières assez puissantes pour arracher à leurs gouvernants une réduction plus considérable à agir nationalement dans ce sens ;

4° Le *minimum* de salaire fixé internationalement devra être le même pour les travailleurs des deux sexes.

(3) Voici ce programme :

Considérant,

Que l'émancipation de la classe productive est celle de tous les êtres humains sans distinction de sexe ni de race ;

Que les producteurs ne sauraient être libres qu'autant qu'ils seront en possession des moyens de production (terre, usines, navires, banques, crédit, etc.) ;

Qu'il n'y a que deux formes sous lesquelles les moyens de production peuvent leur appartenir ;

1° La forme individuelle qui n'a jamais existé à l'état de fait général et qui est éliminée de plus en plus par le progrès industriel ;

2° La forme collective dont les éléments matériels et intellectuels sont constitués par le développement même de la société capitaliste ;

Considérant,

Que cette appropriation collective ne peut sortir que de l'action révolutionnaire de la classe productive — ou prolétariat — organisée en parti politique distinct ;

Qu'une pareille organisation doit être poursuivie par tous les moyens dont dispose le prolétariat, y compris le suffrage universel, transformé ainsi d'instrument de duperie qu'il a été jusqu'ici en instrument d'émancipation ;

Les travailleurs socialistes français, en donnant pour but à leurs efforts l'expropriation politique et économique de la classe capitaliste et le retour à la collectivité de tous les moyens de production, ont décidé, comme moyen d'organisation et de lutte, d'entrer dans les élections avec les revendications immédiates suivantes :

A. — *Programme politique*

1° Abolition de toutes les lois sur la presse, les réunions et les associations et surtout de la loi contre l'Association internationale des Travailleurs. — Suppression du livret, cette mise en carte de la classe ouvrière, et de tous les articles du Code établissant l'infériorité de l'ouvrier vis-à-vis du patron et l'infériorité de la femme vis-à-vis de l'homme ;

2° Suppression du budget des cultes et retour à la nation « des biens dits de mainmorte, meubles et immeubles appartenant aux corporations religieuses » (décret de la Commune du 2 avril 1871), y compris toutes les annexes industrielles et commerciales de ces corporations ;

3° Suppression de la dette publique ;

4° Abolition des armées permanentes et armement général du peuple ;

5° La Commune maîtresse de son administration et de sa police.

B. — *Programme économique*

1° Repos d'un jour par semaine ou interdiction légale pour les employeurs de faire travailler plus de six jours sur sept. — Réduction légale de la journée de travail à huit heures pour les adultes. — Interdiction du travail des enfants dans les ateliers privés au-dessous de quatorze ans ; et, de quatorze à dix-huit ans, réduction de la journée de travail à six heures ;

2° Surveillance protectrice des apprentis par les corporations ouvrières ;

3° Minimum légal de salaires, déterminé, chaque année, d'après le prix local des denrées, par une commission de statistique ouvrière ;

4° Interdiction légale aux patrons d'employer les ouvriers étrangers à un salaire inférieur à celui des ouvriers français ;

5° Egalité de salaire à travail égal pour les travailleurs des deux sexes ;

6° Instruction scientifique et professionnelle de tous les enfants, mis pour leur entretien à la charge de la société représentée par l'Etat et par les communes ;

7° Mise à la charge de la société des vieillards et des invalides du travail ;

8° Suppression de toute immixtion des employeurs dans l'administration des caisses ouvrières de secours mutuels, de prévoyance, etc., restituées à la gestion exclusive des ouvriers ;

9° Responsabilité des patrons en matière d'accidents, garantie par un cautionnement versé par l'employeur dans les caisses ouvrières et proportionné au nombre des ouvriers employés et aux dangers que présente l'industrie ;

10° Intervention des ouvriers dans les règlements spéciaux des divers ateliers ; suppression du droit usurpé par les patrons de frapper d'une pénalité quelconque leurs ouvriers sous forme d'amendes ou de retenues sur les salaires (décret de la Commune du 27 avril 1871) ;

11° Annulation de tous les contrats ayant aliéné la propriété publique (banques, chemins de fer, mines, etc.), et l'exploitation de tous les ateliers de l'Etat confiée aux ouvriers qui y travaillent ;

12° Abolition de tous les impôts indirects et transformation de tous les impôts directs en un impôt progressif sur les revenus dépassant 3.000 francs. — Suppression de l'héritage en ligne collatérale et de tout héritage en ligne directe dépassant 20.000 francs.

(4) Saisi par la majorité de ses membres d'une proposition tendant à doubler d'une organisation corporative l'organisation politique du Parti, le Congrès a confirmé la résolution prise sur ce point par le Congrès national de Roanne et qui est ainsi conçu :

« Considérant que l'organisation des travailleurs par métier est une conséquence naturelle et nécessaire de la production capitaliste ;

« Considérant que ces organisations seront d'un puissant concours pour la lutte économique et pour la lutte politique qui s'imposent ;

« Considérant qu'elles faciliteront la transformation des diverses industries privées d'aujourd'hui en autant de services publics en habituant les travailleurs à l'action commune et en mettant en jeu leurs capacités administratives ;

« Le Congrès déclare que le Parti ouvrier doit encourager par tous les moyens en sa possession les corporations de métier et toutes leurs manifestations : congrès, grèves, etc. »

Le Congrès de Roubaix a décidé en outre qu'il y avait lieu de provoquer au plus tôt la formation d'unions nationales de métiers, arrachant à leur impuissance fatale les syndicats isolés et seul moyen, étant donné l'inégalité qui existe aujourd'hui dans les salaires et la journée de travail d'une même industrie, d'empêcher que le salaire le plus bas et la journée de travail la plus longue deviennent, par l'effet de la concurrence entre fabricants, l'état général dans chaque industrie.

(5) *Fédération nationale de l'industrie textile*

Les délégués des villes de Roanne, Roubaix, Reims, Lyon, Troyes, tous représentants des corporations se rattachant à l'industrie textile (tissage, filature, peignage, teinture, bonneterie, etc., etc.)

Considérant que la situation des ouvriers employés dans cette industrie est de plus en plus malheureuse ;

Considérant que leur état d'isolement les livre sans moyens de défense au bon plaisir patronal qui se traduit par des réductions constantes de salaires et par des règlements d'ateliers de plus en plus arbitraires ;

Considérant, d'autre part, que l'impuissance constatée des groupements corporatifs a eu pour motif unique leur isolement :

Décident qu'il y a lieu de provoquer la formation d'une vaste fédération corporative nationale de l'industrie textile ;

Choisissent Roanne comme siège provisoire de cette fédération et donnent mandat à la Chambre syndicale, l'Union des tisseurs, de cette ville, de prendre toutes les mesures nécessaires pour assurer l'exécution de ces décisions.

Fédération nationale des verriers

Les délégués au Congrès national de Roubaix de 1884, représentant les Chambres syndicales des verreries de Montluçon (Allier), de Lavaveix-les-Mines (Creuse), d'Anzin (Nord), et des verriers du Midi, ont décidé pour les motifs suivants de jeter les bases d'une Union nationale des verriers de France :

Dans l'état d'isolement où se trouvent les différentes parties ou groupes de la corporation, les patrons profitent de l'inégalité qui existe selon les localités dans les salaires et les heures de travail pour augmenter de plus en plus leur exploitation.

Le seul moyen de remédier à cet état de choses est une entente et une Fédération entre tous les groupes aujourd'hui isolés, de façon à ce que les moins exploités puissent aider à améliorer le sort de ceux qui sont à la fois plus misérables et plus asservis, tous devenant ainsi plus forts pour résister à l'exploitation patronale.

Cette Union nationale qui devrait être consacrée par un Congrès de toute la corporation pourrait être établie sur les bases suivantes :

Les Chambres syndicales ou groupes resteraient maîtres de leur caisse et de leur organisation locale, mais seraient reliés entre eux par un Conseil national qui devrait être tenu au courant de l'état des caisses particulières et être consulté dans tous les cas où une grève s'imposerait.

Une cotisation de par membre et par mois pourrait être établie pour couvrir les frais et fournir aux dépenses de ce Conseil national.

Il ne s'agit d'ailleurs ici que d'un projet que les délégués, présents au Congrès national de Roubaix, sont chargés de soumettre à toutes les localités où existe l'industrie de la verrerie.

Les adhésions devraient être provisoirement envoyées à la Chambre syndicale de la verrerie de Montluçon (Allier).

LA QUESTION DES LOYERS

La Question des Loyers

Quelques-uns de nos lecteurs ont paru s'étonner que le *Citoyen* ne s'occupât pas davantage d'une question qui intéresse les neuf dizièmes au moins de Paris. J'ai nommé la question des loyers.

Tous les ans, non seulement les loyers augmentent, mais le nombre des petits logements va diminuant, et le moment approche où ouvriers et employés ne sauront littéralement plus où reposer leur tête. Il n'est pas jusqu'aux sergents de ville qui ne songent avec terreur — leur menace de grève en fait foi — au jour où il leur faudra, faute d'avoir pu trouver à abriter leurs fatigues et leur « instrument de travail », s'arrêter eux-mêmes pour vagabondage.

Le mal que l'on nous dénonce est donc de ceux qui crèvent les yeux. Et si nous ne l'avons pas — dans les colonnes de ce journal au moins — attaqué de front — ce n'est pas qu'il ait pu nous échapper ou que nous n'en souffrions pas comme tout le monde travailleur. C'est simplement que, contrairement à une opinion trop générale, nous estimons qu'il est sans remède dans l'ordre capitaliste d'aujourd'hui.

La question des loyers n'est qu'un des points de la question sociale et ne saurait être résolue isolément.

Elle naît fatalement de l'appropriation des moyens d'habitation par quelques-uns, comme la misère des producteurs de toutes richesses naît de l'appropriation, par une minorité de plus en plus oisive, des moyens de production.

Il y a là deux effets d'une même cause : la propriété individuelle, que seule la disparition de cette dernière peut faire disparaître.

Comme l'exposait fort bien *l'Economiste français*, si les petits logements vont renchérissant chaque trimestre, c'est qu'ils font de plus en plus place à des maisons bourgeoises, à des appartements de 8.000 à 30.000 francs. Et si, au lieu d'habitations pour les ouvriers à 5 francs par jour et pour les employés à 2.000 francs par an, on ne construit plus que pour les riches, c'est que « les propriétaires aiment leur tranquillité et leurs aises. » Entre de gros locataires liés par des baux de 6, 9 et 12 ans — et payant régulièrement — et des petits ménages louant pour trois mois et pas « toujours très exacts à l'échéance », leur choix ne saurait être douteux. « Tenant à leur tranquillité d'esprit » — et aux bons placements — ils ne bâtissent que pour « les gens de leur monde ». « C'est plus commode — et plus propre », ajoute M. Paul Leroy-Beaulieu. En tous cas, c'est leur droit de propriétaires ; et, tant qu'il y aura des propriétaires, les choses ne se passeront pas autrement pour les locataires écorchés jusqu'à l'os ou jetés dans la rue, comme, tant qu'il y aura des patrons, plus les ouvriers produiront, plus ils seront misérables.

Pas de salut pour les uns et pour les autres en dehors de l'expropriation de leur double ennemi, qui ne fait qu'une seule et même classe.

Car c'est nous la bailler trop belle que de nous parler de la concurrence communale comme d'un moyen « possible » de « mâter » M. Vautour et de l'obliger à réduire ses prix. Se représente-t-on le conseil municipal se mettant à édifier — pour faire pièce aux propriétaires du Paris actuel — un nouveau Paris — *souterrain* alors, comme le fameux Métropolitain, car je ne sache pas que le sol parisien soit aussi élastique qu'un programme et se prête — déjà bâti — à des surbâtissements sans fin.

Ce ne sont pas, en tous cas, les bourgeois bourgeoisant du pavillon de Flore — même entrelardés de vingt socialistes — qui s'aviseront jamais de *voler* ainsi à d'autres bourgeois, en même temps que leurs locataires, le produit le plus clair de leur capital foncier ! Mais le fissent-ils, que l'Etat n'a pas été inventé pour les chiens, et que M. le ministre de l'intérieur saurait mettre bon ordre à cette spoliation d'une partie de la classe propriétaire, à l'aide des deniers publics. Une municipalité entrant en ligne contre ceux qui vivent de la location d'immeubles, les attaquant et les ruinant dans leur industrie — et ce, avec la permission du gouvernement ! Pour s'arrêter une seule minute à une semblable hypothèse, il faut en vérité avoir perdu toute notion du temps dans lequel on vit. Mais alors, la même municipalité pourrait monter des raffineries en opposition aux raffineries Say et Lebaudy, faire fermer les ateliers Cail au moyen d'ateliers publics, et mettre en faillite le Louvre, le Bon Marché et le Printemps, à l'aide de Printemps, de Bon Marché et de Louvre communaux — et le même gouvernement devrait laisser faire ?

Je suis prêt, quant à moi, à m'abonner à un pareil gouvernement — et vous ? Mais je demande, avant, qu'on me le montre : où niche-t-il ? Qui l'a découvert ? De qui se compose-t-il ?

Ce qui est vrai, c'est que l'Etat — et non la Commune — au pouvoir du prolétariat, pourrait mettre « un frein à la fureur des flots » propriétaires

Et de Monsieur Vautour arrêter les complots...

non pas en faisant surgir du Trésor public une ville ouvrière, dont le besoin ne se fait nullement sentir, mais en intervenant dans les loyers pour en fixer lui-même le prix.

Mais l'établissement d'un pareil tarif exige que le pouvoir central ait changé de classe, qu'il ait passé entre les mains des locataires ouvriers. Et cette condition indispensable remplie, on ne voit pas comment et pourquoi, au lieu de tarifer les logements existants, on n'exproprierait pas tout bonnement les propriétaires de ces logements. Ce qui — pour parler le langage de *l'Economiste français* — serait à la fois « plus commode et plus propre ».

Nous aboutissons donc toujours à l'expropriation, qui est en effet — on ne saurait trop le répéter — l'unique solution en matière de loyers, comme en toutes matières.

Et le Parti ouvrier — lorsqu'il sera le maître — devra d'autant moins hésiter que la valeur des immeubles à restituer à la société est, en majeure partie, d'origine sociale. Ce sont les rues, les boulevards, les marchés, les gares, et autres éléments de la vie publique, qui l'ont constituée au fur et à mesure.

Pour le reste, voilà longtemps que cet éternel locataire, qu'est le prolétaire, l'a remboursé à la classe propriétaire par le paiement accumulé des loyers. Il n'aura, pour s'en convaincre, qu'à additionner ses *quittances*.

(*Le Citoyen*, 9 Juin 1882).

Pétitionnons !

A la rédaction du « Citoyen »

Citoyens rédacteurs,

La Fédération du Centre, dans sa séance du 13 juin, a dû se préoccuper d'une préoccupation de plus en plus générale dans la population ouvrière parisienne.

La *question des loyers* et de leur réduction, qui a donné lieu dans nombre de quartiers à d'importants *meetings*, s'est imposée pour ainsi dire à son attention ; et bien qu'en sa qualité de fraction du Parti ouvrier, elle sache que la solution de cette question rentre dans l'expropriation générale donnée pour but à nos efforts par les Congrès de Marseille et du Havre, la Fédération a jugé utile — ne serait-ce que pour prendre en flagrant délit de mauvaise volonté ou d'impuissance le société bourgeoise — de mettre nos pseudo-députés en demeure d'intervenir en faveur des petits locataires.

Ecartant, comme le dernier mot de l'utopie, le rachat de la propriété bâtie — ce qui exigerait des milliards ;

Repoussant également, comme un enfantillage, le projet de faire construire par la Commune — qui n'existe qu'à l'état d'expression administrative — des maisons ouvrières aussi insuffisantes que vexatoires et impossibles ;

Elle s'est ralliée à l'idée d'un vaste pétitionnement pour la réduction par une loi du prix des logements et des petites boutiques.

Et, selon votre proposition du 11 courant, elle donne mandat à la rédaction du *Citoyen* d'organiser ce pétitionnement, se réservant de se faire représenter par trois de ses membres, les citoyens Bazin, Guesde et Josselin, dans la commission chargée de centraliser les listes et de les faire parvenir à leur adresse.

Ci-joint le texte de la pétition, tel qu'il a été voté par l'unanimité des groupes présents.

Pour la Fédération du Centre :

Le Président de séance,
G. BAZIN.

Considérant la situation de plus en plus intolérable faite aux ouvriers, aux employés et aux petits commerçants par l'augmentation continue et exorbitante des loyers ;

Attendu que cette augmentation résulte de la plus-value *donnée à la propriété bâtie par les boulevards, les marchés, les lignes d'omnibus et de tramways, les gares et autres progrès de la vie publique qui, au lieu de profiter à tous, ne bénéficient qu'aux seuls propriétaires ;*

Attendu que le mal dont souffrent les neuf dixièmes de la population étant ainsi d'origine sociale, c'est à la société, représentée par l'Etat, qu'il appartient d'y remédier en intervenant dans le prix des logements ;

Attendu, d'autre part, que le logement est plus nécessaire encore que le pain, puisque, dans la société actuelle, si on est libre de mourir de faim, on est obligé d'avoir un domicile, sous peine d'être arrêté et condamné pour vagabondage ;

Attendu, par suite, que la même raison, qui a fait taxer le pain, existe plus impérieuse pour la taxation des loyers ;

Attendu, enfin, que cette taxation n'offre aucune difficulté dans la pratique, les dernières quittances *fournissant à l'action législative des éléments d'appréciation plus que suffisants ;*

Les soussignés

Demandent, par la présente, à la Chambre des Députés de réduire par une loi les loyers dans les proportions suivantes :

50 0/0 pour les logements au-dessous de 400 francs, 40 0/0 pour les logements de 400 à 1.000 francs ; 25 0/0 pour les boutiques et magasins jusqu'à concurrence de 4.000 francs.

Le Parti ouvrier ayant parlé, il ne nous reste plus qu'à obéir.

Le *Citoyen* fait donc sienne la pétition ci-dessus, qui va être tirée à trois cent mille exemplaires et qu'on pourra se procurer dans nos bureaux, 9, rue d'Aboukir, dès samedi prochain.

A partir de lundi, une commission de cinq membres, parmi lesquels les trois délégués de la Fédération du Centre, sera en permanence de 8 à 10 heures, tous les soirs, pour recevoir et classer les listes, et *publier chaque jour* le chiffre des signatures recueillies.

Et maintenant, ouvriers, employés, petits commerçants, vous tous, les taillables et les corvéables à merci de la féodalité propriétaire, faites votre devoir comme nous allons faire le nôtre !

Signez — et faites signer. Il s'agit de mettre au pied du mur la représentation dite nationale. Aidez-nous à « gratter » nos prétendus mandataires, ne serait-ce que pour les obliger à se montrer ce qu'ils sont : les simples chargés d'affaires de la gent propriétaire qui vous écorche.

(*Le Citoyen,* 16 Juin 1882).

Un Acompte

La question des loyers augmentant à chaque terme, sans que l'on puisse prévoir de terme à cette augmentation effrayante, n'est qu'une des faces de la question sociale, qui gît tout entière dans la propriété individuelle ou exclusive.

En employant les moyens d'habitation qu'ils monopolisent à l'exploitation des locataires, leurs semblables de par la nature et leurs égaux de par la loi, les propriétaires proprement dits n'agissent pas autrement que les fabricants et que les commerçants qui usent et abusent, pour l'exploitation des travailleurs et des consommateurs, des moyens de production et de consommation qu'ils sont seuls à posséder.

Et de même que consommateurs et travailleurs ne cesseront d'être exploités — ou volés — qu'autant que le commerce et l'industrie auront été socialisés, les locataires ne seront arrachés aux griffes de M. Vautour qu'autant que les immeubles auront fait retour à la collectivité.

L'expropriation et *l'appropriation collective* ou *nationale* sont la condition *sine qua non* de tout affranchissement, nécessairement révolutionnaire.

Mais de ce que la révolution sociale, qui fera passer de quelques-uns à tous la propriété de tout, soit le remède unique et général à tous les maux passés et présents de l'humanité, il ne s'ensuit pas que les diverses réclamations de l'humanité souffrante doivent être renvoyées *à priori* après la dépossession indispensable de la classe bourgeoise.

Pour préparer les expropriateurs nécessaires, pour faire sortir des exploités d'aujourd'hui, en majorité inconscients, les libérateurs de demain, le Parti ouvrier, qui n'est encore qu'une minorité infime, doit prendre en main, au fur et à mesure qu'ils se produisent, les cris arrachés par la douleur aux différentes catégories des damnés de l'enfer social.

Lorsque, par exemple, les taillables à merci de la féodalité propriétaire s'agitent et se préoccupent de se soustraire aux exigences incessantes de leurs bourreaux, il nous faut entrer sur le terrain de lutte qui nous est offert, faire nôtres les revendications des victimes et encadrer, dans un plan de campagne qui aboutisse à nos conclusions expropriatrices, les mécontents d'aujourd'hui, entraînés à devenir les révoltés de demain.

C'est ce qu'a admirablement compris la Fédération du Centre lorsqu'au lieu de se désintéresser de la

« question des loyers et de leur réduction », ouverte par de nombreux meetings dans les quartiers plus particulièrement ouvriers, elle a décidé de se solidariser avec le prolétariat parisien et de poursuivre, au moyen d'un vaste pétitionnement confié au journal le *Citoyen*, l'abaissement légal du prix des logements dans les proportions suivantes :

50 0/0 pour les loyers au-dessous de 400 francs — ils sont au nombre de plus d'un demi-million ;

40 0/0 pour les loyers de 400 à 1.000 francs — on en compte près de cent mille ;

25 0/0 pour les boutiques et magasins jusqu'à concurrence de 4.000 francs.

Ce n'est ni plus ni moins que *cent cinquante millions* qu'il s'agit de faire passer annuellement de la caisse de Paris-propriétaire dans la poche — si désespérément vide — de Paris-locataire. Non pas — est-il besoin de le dire — que nous comptions sur le succès de cette pétition. Qu'elle doive être repoussée avec tous les honneurs dus aux réclamations de la France ouvrière, c'est ce qui n'est pas douteux, surtout pour les organisateurs de ce pétitionnement.

Mais plus l'échec est certain, plus la chose était à tenter.

Aucune raison, en effet, aucune bonne raison, ne saurait être mise en avant contre l'abaissement poursuivi.

Ce qui a permis aux marchands d'habitations d'élever de cent pour cent, depuis vingt ans seulement, le prix des domiciles que la société bourgeoise nous oblige d'avoir sous peine d'être arrêté et condamné pour vagabondage, c'est la valeur accrue des immeubles.

Or cette plus-value résulte de deux causes — également sociales — dans lesquelles les propriétaires ne sont pour rien.

Ce sont, d'une part, les boulevards, les marchés, les omnibus et les tramways, les squares, les chemins de fer, etc... qui, correspondant à des nécessités publiques, établies aux frais de tous, avec l'argent des contribuables non propriétaires, ont doublé, triplé — et en quelques endroits décuplé — la valeur de la propriété bâtie. C'est, d'autre part, l'accroissement de la population, les cinquante mille hommes en moyenne qu'attirent chaque année à Paris les besoins de l'industrie parisienne, et dont la demande de logement élève le prix des logements.

Rien de plus juste, par suite, qu'une intervention de la société empêchant une catégorie d'individus de retourner contre la majorité de leurs concitoyens les progrès mêmes de la vie sociale. Rien de plus juste qu'une intervention sociale — ou légale — pour réduire les loyers au taux où ils étaient avant ces progrès et où ils seraient encore sans ces progrès.

Il n'est pas question de porter un préjudice quelconque à quiconque, il ne s'agit que d'empêcher quelques-uns de porter préjudice à tous.

Et du moment que nos dirigeants se refuseraient — comme il est trop certain — à cet acte de pure justice, c'est que — de l'aveu de ces dirigeants — il ne saurait y avoir de justice pour les prolétaires.

Telle est la démonstration à laquelle le pétitionnement du *Citoyen*, sorti de l'initiative de la Fédération du Centre, accule la République bourgeoise.

Par le *non volumus* qui les attend dans une question qui ne met en jeu ni la propriété, ni son usage, mais un de ses abus les plus criants, les ouvriers pourront et devront conclure qu'ils n'ont rien à attendre que d'eux-mêmes, de leur nombre et de leur force, pour la solution du problème du travail qui exige la suppression de la propriété des non-travaillants.

Le pétitionnement qui est actuellement ouvert est donc plus qu'une école, c'est une véritable *fabrique* de socialistes et de révolutionnaires.

Quelle différence avec la poignée de fantaisistes qui n'ont vu dans la question brûlante des loyers qu'un moyen de mettre en relief leur autonomie communale, en demandant au Conseil municipal, qui n'en peut mais, de faire sortir d'une terre, qu'il ne possède pas, des maisons ouvrières destinées à faire concurrence aux maisons bourgeoises !

Le sinistre blagueur qui s'est appelé Napoléon III avait, avant nos possibilistes, rêvé de loger les prolétaires dans des cités particulières qui ont été primées à l'Exposition universelle de 1867 et dont il aurait eu la clef.

D'abord, la commune de Paris, qui n'existe comme puissance bâtissante que dans le cerveau d'un demi-quarteron d'autonomistes — et pour les besoins de leur cause — trouverait dans une pareille voie le *veto* absolu de l'Etat bourgeois. Mais fut-elle aussi armée sur ce point qu'elle est désarmée, réduite qu'elle est *au rôle de boîte à vœux ou à lettres*, pourquoi bâtir un Paris nouveau, alors que Paris actuel suffit ?

Pour respecter la propriété des propriétaires ?

Etrange manière, on l'avouera, d'agir sur les esprits, de les habituer à considérer comme appartenant à la nation et comme devant être reprise par elle la totalité non seulement des maisons existantes, mais de tout le capital de production !

Les bourgeois, inventeurs et avocats de la coopération, n'ont jamais tenu un autre langage :

Au lieu de mettre votre main, la main de la collectivité ouvrière, sur les mines, tissages, hauts-fourneaux et autres ateliers capitalistes, créez donc, disaient-ils aux travailleurs, des ateliers ouvriers qui fassent une concurrence victorieuse aux mines des de Witt, aux tissages des Bréchard et aux hauts-fourneaux des Schneider.

La France prolétarienne, qu'essayaient ainsi d' « embobiner » jusqu'à des ouvriers comme les Veyssier et les Murat, a haussé les épaules et laissé pour compte aux mystificateurs, mystifiés, cette mystification par trop cousue de fil blanc.

Elle ne prêtera pas une oreille plus attentive aux prétendus socialistes qui lui chantent la même chanson sur un nouvel air.

En attendant que nous soyons en mesure d'enlever aux propriétaires ce qu'ils appellent leur propriété, il n'y a qu'un moyen terme qui ne soit pas une trahison : c'est d'enlever à ces propriétaires, sous forme de réduction de loyer, le plus que nous pourrons du revenu qu'ils tirent de ces propriétés.

Ce n'est qu'un acompte, sans doute, mais cet acompte confirme la dette que nous aurons à faire payer, capital et intérêts compris.

(*L'Egalité,* 18 Juin 1882).

La Question des Loyers

Par la Commune — L'Etat

En s'adressant à l'Etat — et non à la Commune — pour enrayer l'exploitation de M. Vautour, la Fédération du Centre a fait preuve d'une conscience très nette des temps et des lieux.

La Commune — comme elle le dit fort justement — n'est en France, en 1882, qu'une « expression administrative ». Eût-elle la volonté de faire quelque chose pour le peuple des locataires qu'elle n'en aurait pas la puissance.

Ses « arrêtés » ne sont que des vœux que l'Etat seul peut exaucer, qu'il peut seul traduire en actes.

Dans ces conditions, que nous n'avons pas faites, mais qu'il y aurait aveuglement à ne pas voir et folie à négliger, c'est l'Etat, c'est la Chambre qu'il devenait nécessaire de mettre directement en demeure. On ne passe pas par la *boîte aux lettres* d'un conseil municipal lorsque l'on peut être son propre *facteur*; lorsque l'on peut aller soi-même — au nombre de plusieurs centaines de mille — porter sa volonté de mandataires à une poignée de mandants.

La propriété bâtie — dont il s'agit de réduire les profits usuraires — est, comme toute la propriété, sortie de la loi. C'est la loi, c'est le Code qui permet à la bande des Vautours de faire servir à l'écorchement des non-propriétaires tous les progrès de la vie sociale, marchés, squares, omnibus et tramways, chemins de fer, etc., qui aboutissent, par l'augmentation de la valeur des immeubles, à l'augmentation proportionnelle des loyers.

C'est la loi, par suite — qui ne se fait pas au pavillon de Flore, mais au Palais-Bourbon — qu'il convient de viser — et de changer.

Elle seule peut, en intervenant comme un bouclier entre propriétaires et locataires, protéger les *exploités du domicile* contre leurs exploiteurs, en fixant un prix *maximum*, au-dessus duquel les vendeurs de logements se verraient eux-mêmes logés, obligatoirement sinon gratuitement, dans ces immeubles de l'Etat qui s'appellent la Santé, Clairvaux, etc...

La taxation des loyers par l'Etat est aussi pratique que la taxation par la Commune serait chimérique. Ce qui ne veut pas dire que, parce qu'il a tous les pouvoirs nécessaires pour assurer un abri à ceux auxquels il interdit — de par ses lois sur le vagabondage — de coucher à la belle étoile, l'Etat — en puissance de la bourgeoisie — donnera satisfaction à la plus légitime des revendications.

Mais plus l'Etat bourgeois doit faire la sourde oreille, plus il importait de ne pas fournir d'excuse à sa surdité volontaire en « parlant directement à sa personne » — comme portent tous les exploits d'huissier.

Notre pétition est une véritable assignation — et, à peine de nullité, elle devait passer par-dessus la tête du Conseil municipal, qui n'en peut mais, pour tomber en pleine Chambre.

(*Le Citoyen*, 16 Juin 1882).

La Question des Loyers et la Presse bourgeoise

Notre pétition, pour la réduction légale des loyers, a mis sens dessus dessous la basse-cour propriétaire. *Patrie*, *Parlement*, *Constitutionnel*, c'est à qui, parmi les chiens de garde de M. Vautour, sans distinction de poil, donnera de la gueule avec le plus d'entrain. C'était à prévoir — et, loin de nous embarrasser, ces aboiements nous réjouissent fort. Ils prouvent que, par l'organe de la Fédération du Centre, le Parti ouvrier a une fois de plus frappé juste.

Pour commencer par le porte-collier bonapartiste qui a été le premier à flairer le danger, *La Patrie* essaie de mettre sur pied non seulement les bourgeois, mais les « fils de bourgeois ». Alerte ! messeigneurs ! En réduisant de moitié les revenus de messieurs vos papas, c'est le budget de vos plaisirs que l'on va rogner, sans compter que les occasions se feront plus rares de vous payer, sur les filles des locataires ouvriers, des termes en retard.

Que les petits Vautours se rassurent cependant. Du moment que, de l'aveu de l'*Economiste français* (20 mai 1882), « il est aisé de retirer plus de 20 °/o des capitaux engagés dans l'industrie des habitations », notre réduction maxima de 50 °/o laisse encore à l'oisiveté paternelle et filiale une rente de 10 °/o — ce qui représente, par ma foi, un assez joli denier.

Quant à l'objection de la même *Patrie* contre le principe même de la taxation, elle dénote de la part de la vieille chienne à Badingue une absence de mémoire qu'il serait cruel de lui trop reprocher. La loi de l'âge est impitoyable, et ce n'est pas la faute de la *Patrie* si son gâtisme l'amène à mettre sur le compte des socialistes la suppression de la taxe du pain, qui appartient au libéralisme bourgeois. Loin d'avoir jamais réclamé « la liberté du commerce », c'est-à-dire la liberté pour quelques intermédiaires d'exploiter les besoins de pain, de viande, de vin de leurs semblables, notre but est et a toujours été de soustraire le commerce ou l'échange aux spéculations privées en en faisant l'attribut exclusif de la société. Et en attendant cette socialisation, qui est affaire de révolution, nous voudrions que l'Etat intervînt par une loi de *maximum*, non seulement dans le prix du pain et du logement, mais dans le prix de tous les objets de consommation, pour empêcher un vol qui se double trop souvent d'empoisonnement.

En sa qualité de porte-collier républicain, le *Parlement*, lui, se préoccupe davantage du côté politique ou gouvernemental de la pétition. Il n'admet pas que l'on enferme la Chambre et le gouvernement de son choix dans l'alternative également subversive, ou de « donner satisfaction aux petits locataires » — ce qui aliénerait à la République bourgeoise la classe entière des propriétaires — ou de se brouiller par un refus avec la classe prolétarienne, en se décernant un brevet de « mauvaise volonté ou d'impuissance ».

Le *Parlement*, qui n'a pas été en vain l'organe du vieux *transporteur* Dufaure, aurait mieux aimé nous voir chercher la solution du problème des loyers dans « l'extension du réseau des tramways, de manière à permettre aux ouvriers et aux employés de trouver dans la banlieue des logements à bon marché ». Cette *trans-*

portation en masse hors de Paris de la *chair à travail* qu'il ne peut pas — pour le moment du moins — transporter en Nouvelle-Calédonie, lui paraît de beaucoup préférable à la réduction par nous réclamée de la *dîme* propriétaire. Nous nous l'expliquons facilement.

Plutôt que d'arracher une seule plume à M. Vautour, il irait même, comme certains socialistes de haute fantaisie, jusqu'à « solliciter le concours des communes et des départements, pour favoriser la construction de quartiers ouvriers ». Je le crois bien. A l'ancien *ghetto* des Juifs, faire succéder un *ghetto* ouvrier, qu'il serait facile de flanquer de casernes et qui permettrait aux mitrailleuses de l'ordre de tirer dans le tas à la moindre effervescence, sans risque aucun d'atteindre un seul bourgeois, c'est ça qui serait un admirable *instrumentum regni* pour la bourgeoisie au pouvoir.

Mais non, cette diable de Fédération du Centre n'a pas entendu de cette oreille-là. En attendant — espérons qu'elle n'attendra pas longtemps — de pouvoir exproprier toute la propriété bâtie, elle s'en prend au revenu de cette propriété, qu'elle veut réduire au profit des non-propriétaires. Et voyez jusqu'où va son audace : elle prétend que la société peut et doit intervenir dans ce sens, parce que c'est elle qui, en se développant, en multipliant et en perfectionnant ses moyens de circulation, de transport et d'échange, a constitué en majeure partie la valeur des immeubles. Les économistes les plus renforcés sont obligés de reconnaître la chose — que nous établirons un de ces jours avec les chiffres officiels. Mais au *Parlement*, où l'on n'a pas l'habitude de discuter avec les socialistes, mais de les supprimer, on traite les faits, lorsqu'ils gênent, comme de simples socialistes. Le terrain que j'ai vu, il n'y a pas vingt ans, à 2 francs et à 1 franc le mètre, dans le seizième arrondissement, vaut aujourd'hui 80, 100 et jusqu'à 200 francs le mètre. De travail de propriétaire dans cette plus-value, aucun. C'est l'annexion, ce sont les omnibus et les tramways, c'est la transformation du Bois de Boulogne, qui sont les facteurs exclusifs d'une plus-value, d'origine essentiellement sociale, laquelle s'est traduite pour les propriétaires par des millions à encaisser et pour les locataires par des millions à débourser. Personne ne l'ignore, mais au *Parlement*, où on ne l'ignore pas non plus, on sait être aveugle quand on a intérêt à l'être.

C'est ce qu'en langage populaire on appelle « faire l'âne pour avoir du son ». Mais quels ânes que ces messieurs du *Parlement !*

J'ai gardé pour le dernier — pour la bonne bouche — le porte-collier conservateur sans épithète qui répond au nom de *Constitutionnel.* Non pas que ses jappements soient moins instructifs, mais ils affectent trop le caractère d'une réclame en faveur des sergents de ville en instance auprès du Conseil municipal pour une augmentation de paie — les réclames, dans tout journal qui se respecte, se rejetant toujours aussi loin que possible.

Oui, dans notre pétition-assignation, le *Constitutionnel* a surtout vu « un supplément de travail » pour ces travailleurs de la rue qui agissent au moyen du casse-tête. Aux grévistes et aux étudiants, sur lesquels ils « travaillaient » avec l'ardeur que l'on sait, le brave journal ajoute dès aujourd'hui les locataires — ceux du moins qui s'aviseront de pétitionner, et ils sont nombreux ! En avant la rousse ! Et surtout du zèle ! On vous « indemnisera des heures supplémentaires pendant lesquelles vous aurez surveillé » — quel euphémisme — les taillables et corvéables à merci des Seigneurs de la pierre bâtie.

Au fond, d'ailleurs, le *Constitutionnel* a raison. Du moment qu'il ne voudrait pas réduire les loyers, le gouvernement n'aurait qu'un moyen de résoudre la question des logements : c'est de *réduire le nombre des locataires en en assommant le plus grand nombre possible.*

La demande de logement diminuant d'autant, il est incontestable que les survivants trouveraient à se loger à meilleur marché.

Reste à savoir si cette solution — la seule sérieuse qu'on ait encore opposée à la nôtre — sera du goût des locataires parisiens.

Pour notre part, nous en doutons.

(*Le Citoyen,* 19 Juin 1882).

Sus aux Propriétaires !

C'est sous ce titre, qui nous plaît fort et que nous lui empruntons, que la *Gazette de France* s'occupe de notre pétitionnement pour la réduction légale des loyers. L'article, d'ailleurs, vaut la peine d'être lu, car, à côté de grossières erreurs, il renferme de belles et bonnes vérités.

L'organe de la Maison de France se trompe, par exemple, lorsqu'il va chercher dans la proposition

Roche sur la confiscation des biens du clergé l'origine de notre campagne anti-propriétaire. Le Parti ouvrier n'a pas attendu que les bourgeois de 1882 aient songé à mettre la main sur la propriété collective « ecclésiastique » pour vouloir nationaliser la propriété privée ou individuelle bourgeoise.

Dès octobre 1879, notre grand Congrès de Marseille donnait pour but aux efforts de la classe ouvrière, organisée en parti d'expropriation, « l'appropriation collective, par tous les moyens possibles, du sol, sous-sol, machines, voies de transports, *bâtiments*, etc. »

Et lorsque, en attendant cette reprise générale, la Fédération du Centre poursuit aujourd'hui la reprise, dans la proportion de 50 °/o, de la rente immobilière, ce n'est pas de M. Roche et autres radicaux qu'elle procède, mais du Parti ouvrier, dont elle est une des fractions les plus militantes.

La *Gazette* se trompe encore lorsqu'elle nous donne pour précurseurs les Conventionnels du siècle dernier qui, « après avoir décrété le *maximum* sur le blé, la viande, les légumes, etc., finirent par *réglementer le gain du commerçant et du détaillant* ». Ce gain — puisque c'est le nom légal de ce genre de vol — nous ne voulons pas le réglementer, mais le supprimer, en socialisant le commerce comme l'industrie et la propriété.

Où, au contraire, la feuille légitimiste parle d'or, c'est lorsqu'elle représente les auteurs de la pétition comme n'ayant nul souci de « la liberté des propriétaires ». Cette liberté des « *propriétaires, rois des maisons* », le Parti ouvrier la traitera comme la bourgeoisie révolutionnaire a traité la liberté des *rois* de la *Gazette, propriétaires d'hommes*, la restreignant d'abord pour la supprimer ensuite, aussitôt que faire se pourra.

Où le même journal a encore raison et fait preuve d'une clairvoyance inconnue au *Parlement* et autres feuilles bourgeoises, c'est lorsqu'il écrit :

« Nos députés étant eux-mêmes propriétaires, la chose pourra d'abord souffrir quelques difficultés, mais ils y viendront malgré eux, parce qu'une fois qu'on a ouvert la porte au courant des appétits contre la propriété, il n'est plus possible de le remonter. »

Impossible de mieux dire. Le dernier mot, dans cette question du logement, appartiendra aux locataires qui triompheront *avec* les Chambres bourgeoises ou *contre* elles. Nous nous engageons, pour notre part, à ne pas faire mentir la *Gazette*.

(*Le Citoyen*, 21 Juin 1882).

Notre pétition pour la taxation des loyers, dont nous reproduisons plus loin le texte à la demande d'un grand nombre de nos nouveaux lecteurs, continue à faire divaguer les représentants des *propriétaires* dans la presse. Mais dans cette espèce d'exposition de la bêtise bourgeoise, la médaille d'honneur revient de droit au journal qui a pris pour mot d'ordre : « Toutes les institutions sociales doivent avoir pour but l'amélioration du sort moral, intellectuel et physique de la classe la plus nombreuse et la plus pauvre. »

De ce que nous invoquons à l'appui d'une intervention légale — ou sociale — en faveur des locataires les *plus-values* données à la propriété bâtie par les boulevards, les marchés, les lignes d'omnibus et de tramways et autres nécessités du développement social, sait-on ce que conclut la *Liberté ?* — Que nous réclamons la démolition du Paris d'aujourd'hui et son remplacement par le Paris de 93 avec ses « ruisseaux au milieu des rues, etc. » Nous voulons, écrit-elle sérieusement, revenir aux « réverbères à cordes ». Et pourquoi faire, bondieu !... A moins que ce ne soit pour y accrocher sa rédaction, convaincue d'abrutir les masses. Mais non, même comme instrument de la justice populaire, nous préférons de beaucoup aux réverbères d'autrefois le poteau électrique d'aujourd'hui : il est plus haut.

(*Le Citoyen*, 24 Juin 1882).

Les Loyers et le Parti ouvrier

Nous avons déjà exposé comment, en dehors de l'expropriation de M. Vautour — ce qui est affaire de révolution — il n'y avait qu'une solution à la question des loyers : c'était la fixation par une loi du prix des logements que la loi nous condamne à avoir sous peine d'amende et de prison.

Mais puisque le citoyen Deynaud, dans la *Bataille*, « sans condamner l'intervention auprès de l'Etat » comme le *Temps*, le *Constitutionnel*, le *Gil Blas* et autres *souteneurs* de la propriété bourgeoise, persiste à lui préférer, comme « plus efficace et plus favorable au recrutement du Parti ouvrier », la construction par la commune d'habitations ouvrières, nous allons examiner à nouveau cette prétendue solution communale, opposée à la solution législative dont la Fédération du Centre s'est faite le champion dans la pétition que l'on sait.

Pour qu'il n'y ait pas à y revenir, nous nous placerons successivement dans la double hypothèse du rejet et de l'acceptation par le Conseil municipal de Paris de la demande à lui adressée par l'Union fédérative.

Sommé par Joffrin aujourd'hui — par Joffrin et Labusquière demain — de faire concurrence à l'industrie privée du logement au moyen de maisons communales, édifiées sur les terrains de la Ville, le Conseil a répondu négativement. Il s'est retranché, pour motiver son refus, derrière la loi qui ne lui permet pas plus de loger ses électeurs que de les nourrir ou de les habiller.

En quoi cette démonstration par le fait, non pas de la mauvaise volonté, mais de l'impuissance légale des élus municipaux, sera-t-elle « efficace » pour « montrer aux moins clairvoyants qu'ils n'ont rien à attendre de la bourgeoisie ? »

La seule chose qui ressortira de cette expérience, c'est que les communes ne sont pas libres — ce qui n'est plus, ce me semble, à établir. Et pour peu que nos bourgeois radicalisant soient habiles et que leur *non possumus* ait été précédé de considérants sympathiques aux réclamants — ce qui ne coûte qu'un peu d'encre — ce sont eux que l'on plaindra : « Braves gens, qui n'auraient pas demandé mieux que de faire quelque chose, mais dont les mains sont liées. » De là à conclure qu'il faut les affranchir, que tel doit être le but à poursuivre, il n'y a qu'un pas — que la logique populaire ne sera pas longue à franchir.

C'est-à-dire qu'au lieu de faire des « recrues » au Parti ouvrier en tant que parti d'expropriation, on aura fait purement et simplement des recrues à la fraction de la bourgeoisie qui joue au jeu innocent des « droits de Paris ».

Tandis qu'en adressant notre mise en demeure au pouvoir législatif qui est armé, lui, et *peut* — puisque c'est son métier de faire des lois — tout refus d'intervenir législativement en faveur des locataires, après être intervenu si souvent en faveur des propriétaires, fera éclater « la complicité » du gouvernement, convaincu par lui-même de n'être que le chargé d'affaires, pour ne pas dire le gendarme, de M. Vautour.

Supposons maintenant l'impossible — puisque les *possibilistes* croient « aux réalisations immédiates » avant et sans la révolution qui est pour nous l'*a b c* indispensable de toute amélioration même partielle. Admettons avec eux que, sortant de ses attributions, se mettant au-dessus de la loi qui le régit, le Conseil municipal de Paris vote les fonds pour la « construction de dix mille logements ouvriers ». Admettons cette autre impossibilité que ce crédit de vingt millions ouvert contre le *propriétariat* urbain ne soit pas annulé par un arrêté ministériel comme un simple vote de flétrissure contre Camescasse-tête. Et voyons quelles seront les conséquences de ce double miracle.

La première, celle qui s'imposera nécessairement à l'esprit simpliste de la masse, n'est-ce pas que les républicains bourgeois ont du bon puisqu'ils se mettent à bâtir pour leurs électeurs ouvriers ? Quel besoin de transporter sur le terrain politique la séparation et l'antagonisme des classes qui existent sur le terrain économique ? A quoi bon un Parti ouvrier ? Pourquoi la dépossession gouvernementale de la bourgeoisie — du moment que, entre des mains bourgeoises, les municipalités font œuvre ouvrière et le pouvoir central laisse faire ?

Les habitations ouvrières avec eau, gaz, horloge pneumatique — et sonnette électrique — que quelques hommes du Parti ouvrier attendent de ce « véritable Etat », comme ils appellent la commune de Paris, si elles pouvaient surgir des pavés parisiens, ne seraient rien moins que la destruction du Parti ouvrier, qui, avec sa raison d'être, la guerre de classes, perdrait non seulement toute chance de recrutement, mais les recrues déjà faites.

C'est ce qu'ont vite compris les organes les plus intelligents de la bourgeoisie lorsque, réservant toute leur colère pour la pétition de la Fédération du Centre, ils ont fait risette au projet de cités ouvrières municipales imprudemment mis en avant, non point par, mais dans l'Union fédérative.

Une autre conséquence morale de ce projet tout ce qu'il y a de plus conservateur — qui n'a pas non plus échappé aux politiciens bourgeois — c'est qu'au lieu d'habituer les cerveaux ouvriers à l'idée de l'expropriation de la propriété capitaliste, il les entretiendrait — s'il pouvait être réalisé — dans le respect de cette propriété, à laquelle il deviendrait inutile de toucher du moment qu'il serait prouvé qu'on peut se passer d'elle, s'affranchir en dehors d'elle, *fare senza*, selon l'expression italienne.

A ce prix — que le citoyen Deynaud trouvera lui-même trop cher — obtiendrait-on au moins le résultat immédiat et particulier que l'on poursuit, c'est-à-dire « une baisse sensible des loyers existants ? »

Le citoyen Deynaud le croit et l'écrit, mais le citoyen Deynaud se trompe. Pour nourrir une pareille illusion, il faut oublier que la seule annonce de Paris mettant à la disposition de ses travailleurs dix mille logements au taux de revient ferait affluer dans cette ville privilégiée des milliers et des milliers d'ouvriers de partout. On peut même affirmer qu'il en viendrait beaucoup plus que la ville n'en aurait logés. Loin de diminuer, la *demande de logements* augmenterait, et M. Vautour, par suite, pourrait maintenir ses prix — en admettant qu'il ne les élève pas.

A-t-on réfléchi, d'autre part, au parti politique que la bourgeoisie municipale pourrait tirer des dix mille logements dont elle disposerait ? C'est dix mille primes *à la sagesse ouvrière*, lisez à la platitude et à la lâcheté, que l'on lui mettrait entre les mains. Les cinq cent mille salariés parisiens seraient appelés, mais dix mille seulement d'entre eux seraient élus. Qui élirait-on ? Evidemment ce ne sont pas les plus socialistes, les plus révolutionnaires. L'élection se ferait au rebours. C'est aux plus vils, aux plus rampants, à ceux qui mangent au râtelier Barberet, que l'eau, le gaz, l'horloge pneumatique — et la sonnette électrique — seraient toujours et nécessairement donnés.

Et ce nouveau moyen de gouvernement, ce sont des militants du Parti qui en armeraient nos pires ennemis ! Non, non, il est inadmissible que cela soit. Quoi qu'en puisse dire le citoyen Deynaud, l'Union fédérative, mieux informée, « ne persévérera pas dans une tactique », grave de dangers, si elle aboutissait, et de la dernière inutilité en cas d'échec. La discipline n'a rien à voir dans une question qui, n'ayant encore été résolue dans aucun de nos Congrès, appartient à tous les membres du Parti, sous la seule réserve de ne pas la résoudre au détriment du Parti, comme il arriverait avec les bâtisses communales.

Le citoyen Deynaud finira lui-même par se rendre à l'évidence. Il fera taire son amour-propre de père malheureux devant l'intérêt du Parti, et, quoi qu'il puisse lui en coûter, il signera notre pétition, la pétition de la Fédération du Centre.

(*Le Citoyen*, 27 Juin 1882).

Solution Propriétaire

En attendant que l'Union fédérative — mieux informée — se rallie à la pétition de la Fédération du Centre pour la taxation des loyers, « le système de construction et de location municipales » qu'elle s'est laissé entraîner à préconiser fait la coqueluche des adversaires du Parti ouvrier.

Longuet, dans la *Justice*, lui consacre un Premier-Paris apologétique. La fameuse *alliance* entre les classes sur le terrain de la duperie ouvrière dont il est, après Jourde, la personnalité la plus marquante, n'aurait pas trouvé mieux. Comme « amusement des ouvriers » et comme « tranquillité des bourgeois », c'est *l'idéal* — le mot y est.

Il ne s'agit plus que d'en faire une réalité. Pour cela, « la première mesure à prendre, c'est la destruction de l'enceinte continue » pour qu'on puisse rejeter le plus loin possible, sous le canon des nouveaux forts, qui sait? les futures cités ouvrières.

Tout le monde capitaliste gagnerait à cette transportation hors du Paris actuel du prolétariat parisien, depuis les compagnies de transports : tramways, bateaux, chemins de fer, assurés d'une clientèle nouvelle, jusqu'aux propriétaires qui verraient s'accroître d'autant la valeur de leurs biens-fonds ; sans compter la sécurité bourgeoise qui résulterait du *parquage* de la classe révolutionnaire dans ces *ghetto* extra-muros faciles à garder à vue.

Quelle différence avec « la taxation dont les *impossibilistes* font si grand bruit » et à laquelle Charles Longuet ne veut pas plus croire que le propriétaire du n° 21 de la rue d'Aboukir !

Pour ce dernier, qui connaît sa société capitaliste, il n'était « pas possible qu'on obligeât par une loi les propriétaires à réduire le prix de leurs loyers ».

Pour Longuet, les socialistes qui réclament une pareille loi sont des *impossibilistes.*

Touchant accord qui achèvera d'ouvrir les yeux aux militants de l'Union fédérative. Le Possibilisme, dans la question des loyers, se confond avec l'Alliance, qui n'est elle-même que l'écho de M. Vautour.

P. S. — Cette note était composée lorsque je lis dans la *Bataille* que la pétition de la Fédération du Centre peut compter sur la signature du citoyen Deynaud. Et d'un ! Mais le citoyen Deynaud aurait tort de croire qu'il est seul disposé à « s'associer à tout acte, d'où qu'il vienne, susceptible d'entamer la bourgeoisie ».

A la Fédération du Centre, comme au *Citoyen*, nous avons tous l'esprit assez large pour ne jamais demander à qui que ce soit et à quoi que ce soit d'extrait de naissance. Et si nous ne pouvons, à notre grand regret, comme nous y convie à son tour le citoyen Deynaud, nous rallier aux cités ouvrières municipales, ce n'est pas par suite de leur origine possibiliste, mais uniquement parce que, comme le prouve son adoption par les radicaux bourgeois, loin d'être « une arme contre l'ennemi », ce projet n'est qu'une arme au service des pires adversaires du Parti ouvrier.

Je reviendrai, d'ailleurs, sur l'article de la *Bataille*, au risque d'être traité de nouveau de « donneur de leçon » par mon contradicteur.

(*Le Citoyen*, 30 Juin 1882).

Le « Land act » et la Pétition du « Citoyen »

Au bruit que continue à faire dans le Landerneau bourgeois la pétition de la Fédération du Centre pour la taxation des loyers, on dirait, ma parole, que nous demandons la lune. Pour ne rien dire des enragés à la Mangin qui nous mettent purement et simplement « hors la civilisation », les mieux équilibrés, comme Longuet, après nous avoir traités d'*impossibilistes*, nous accusent en toutes lettres de n'obéir qu'à une préoccupation : semer le vent pour récolter la tempête.

La protection législative que nous réclamons serait-elle donc vraiment quelque chose de si extraordinaire, et serait-ce la première fois que, dans l'intérêt du peuple locataire, un gouvernement — même capitaliste — interviendrait entre le *propriétariat* et ses débordements ?

Je ne parlerai pas de la Commune et de son décret sur les loyers — et pour cause. Quoiqu'elle ait déjà pris une triple revanche, diplomatique avec Barrère et Andrieux, municipale avec Amouroux et Joffrin, législative avec Roselli-Mollet et Gambon, la Commune de 1871 ne fait pas encore loi en matière gouvernementale.

Mais le cabinet de Saint-James ! S'il y eut jamais un gouvernement authentique, incontestable et incontesté, c'est celui-là. Présidé par une reine, dirigé par un Gladstone, appuyé sur une Chambre des communes plus ou moins censitaire et sur une Chambre des lords héréditaire, non seulement il se présente avec ses papiers en règle, mais, comme incarnation de l'ordre propriétaire dans l'humanité, il pourrait rendre des points au tzarisme blanc et à l'impérialisme bismarkien.

Eh bien ! lorsqu'il y a un an s'est posée en Irlande la question des fermages — c'est-à-dire des loyers fonciers — comment a-t-elle été résolue par ce « gouvernement des gouvernements » ?

N'est-il pas vrai que l'Etat royal britannique est intervenu en faveur des fermiers de la verte Erin, comme nous demandons à l'Etat républicain français d'intervenir en faveur des locataires de Paris, Lyon, Bordeaux, Reims, etc... ?

N'est-il pas vrai qu'une cour spéciale a été instituée pour fixer le montant de la rente — ou du loyer — que le tenancier devait continuer à payer au *landlord* ou maître de la terre ?

N'est-il pas vrai que cette fixation par voie judiciaire a abouti en maints endroits à une réduction de plus de 50 %?

N'est-il pas vrai, enfin, que, contrairement à leur attitude d'aujourd'hui, nos bons radicaux de la *Justice* et d'ailleurs ont battu des mains à ce qu'ils étaient les premiers à qualifier d'acte de justice?

Il était donc non seulement possible, mais nécessaire, alors, de fouler aux pieds « la loi naturelle de l'offre et de la demande » et d'attenter « à la liberté des transactions »!

On donnait pour raison que les propriétaires irlandais avaient « abusé de la concurrence des bras pour élever d'une manière excessive les fermages de leurs terres, alors que ces terres défrichées par le tenancier devaient presque toute leur valeur à ce dernier ».

Nous n'avons pas mis en avant une autre raison. A l'appui de la réduction légale des loyers, nous avons montré « les propriétaires urbains » abusant de la concurrence des locataires — ou de l'augmentation de la population — pour élever d'une manière excessive le prix de leurs logements, alors que ces logements bordés de boulevards, flanqués de marchés, reliés au centre par des omnibus, des tramways et des chemins de fer, devaient presque toute leur valeur à des nécessités sociales.

On ajoutait qu'il n'y avait pas de libertés pour les paysans « contraints par la misère à se résigner à toutes les conditions qui leur étaient imposées pour la jouissance de la terre, leur unique gagne-pain ».

N'est-ce pas presque mot pour mot notre langage? N'avons-nous pas expliqué comment il n'y avait pas de liberté pour les locataires « contraints par la loi, qui oblige à avoir un domicile, à passer par toutes les conditions qui leur sont imposées pour la jouissance de logements, leur unique abri » ?

L'empiètement auquel nous provoquons la Chambre du Palais-Bourbon sur les droits de propriété, reconnus et garantis à M. Vautour par la loi française, ne se présente donc pas dans d'autres conditions que l'empiètement opéré l'année dernière par le Parlement de Westminster sur les droits de propriété reconnus et garantis aux *landlords* par les lois britanniques.

Et pour brûler aujourd'hui ce qu'ils adoraient alors, pour combattre, comme le dernier mot de *l'insenséisme* sous la signature de la Fédération du Centre, le projet de loi limitatif de l'exploitation propriétaire qu'ils ont porté aux nues lorsque M. Gladstone le faisait avaler à la représentation nationale anglaise, il faut que les Longuet et autres alliancistes aient la mémoire bien courte ou l'impudence bien longue.

On vient de le voir, notre pétition, de quelque côté qu'on la tourne et la retourne, ne se distingue pas du fameux *Land Act* qui a fait délirer le radicalisme français.

Même mal : l'accroissement continu et scandaleux des vols propriétaires ; même remède : l'intervention de la loi en guise de gendarme.

Tout au plus pourrait-on arguer d'une différence dans l'état des esprits en Irlande et en France. Alors que jusqu'à présent, malgré les *évictions* qui se multiplient à chaque terme, les victimes françaises de M. Vautour ne sont pas encore sorties de leurs gonds, les victimes irlandaises du *landlordisme,* lorsqu'on est venu à leur secours, avaient déjà commencé à se faire justice elles-mêmes.

Quand le gouvernement britannique s'est décidé à atteindre les propriétaires dans leurs profits, il y avait des mois que les tenanciers les avaient atteints dans leur personne et dans celle de leurs agents. Les coups de fusil des *Moon lighters* avaient, pour ainsi dire, préparé le terrain.

Mais, si payés que nous puissions être pour savoir que la bourgeoisie ne croit et ne cède qu'à la force, nous ne voulons pas admettre que ce soit, dans ces quelques kilogrammes de poudre qu'on a su brûler en Irlande et qu'on n'a pas encore brûlés en France, qu'il faille chercher l'explication de la conduite contradictoire de nos radicaux faisant bon marché au delà de la Manche des droits propriétaires qu'ils défendent à Paris comme la prunelle de leurs yeux.

Dans le cas contraire cependant, c'est-à-dire si la *Justice* n'était réellement séparée de notre solution que par quelques cadavres de propriétaires encore à venir, il n'y aurait pas à jeter le manche après la cognée.

Qu'elle veuille bien fixer elle-même le chiffre de têtes de Vautour passé lequel la taxation des loyers lui paraîtra aussi possible que la réduction légale des fermages, et ce sera bien le diable si, avec le *crescendo* de l'exaspération populaire, elle a longtemps à attendre pour faire campagne avec nous.

(*Le Citoyen,* 11 Juillet 1882).

LES GRANDS MAGASINS

Les Libéralités Boucicaut

Toute la presse est pleine — à en déborder — des legs et des louanges de Mme Boucicaut, la propriétaire du *Bon Marché*, décédée à Cannes dans sa soixante-dixième année.

Ces legs vont, pour 16 millions, aux employés actuels des grands magasins de la rue du Bac, pour une dizaine de millions à une série d'œuvres de bienfaisance, voire de malfaisance, comme les cultes reconnus, et pour le reste, déduction faite de la part des parents et amis, à l'Assistance publique, pour la fondation d'un hôpital... Boucicaut.

Et les feuilles, grandes et petites, à 5, à 10 et à 15 centimes, de ne plus se posséder devant tout cet or répandu à droite et à gauche et d'éclater en admiration pour la « noble femme », pour la « bourgeoise philanthrope » qui a « tant fait pour l'humanité ».

« Si la fortune acquise est une belle chose — écrit le plus vendu des journaux — 950.000 exemplaires par jour, consultez l'affiche sur tous les murs — quelle chose plus belle que le détachement de la fortune ! » Et il ne parle rien moins que d'un « monument à couvrir chaque année des fleurs les plus rares ».

C'est tout simplement grotesque. Car, enfin, ce « détachement de la fortune » devant lequel on se roule dans les postures les plus japonaises, a consisté pour Mme Boucicaut à se détacher de ses millions alors que ses millions se détachaient d'elle avec la vie. Ce qui se passe tous les jours avec quiconque trépasse et ne fait pas, que je sache, enterrer avec lui ce qu'il peut posséder. Abandonner aux autres ce qu'on ne peut emporter, le beau mérite, vraiment!

Quant à ceux qui, moins divagants, exaltent surtout l'usage fait par la défunte des richesses dont elle ne pouvait plus user personnellement, nous leur répondrons : Oui, en restituant, sous forme de donations ou de charités, à ses trois mille salariés des deux sexes du *Bon Marché*, une partie de ce qu'elle avait acquis légalement — sinon légitimement — sur leur dos, Mme Boucicaut a fait œuvre de justice — mais une œuvre incomplète.

Car non seulement les seize millions dont elle a disposé en faveur de son personnel, mais les trente, mais les quarante qu'elle laisse à qui bon lui semble, sont le produit d'un travail qui n'est pas le sien.

Ils procèdent d'un triple prélèvement :

1° Sur les producteurs de marchandises ayant passé par le *Bon Marché;*

2° Sur les consommateurs ou acheteurs de ces marchandises ;

3° Sur les employés à la distribution ou à la vente.

A la source de cette colossale fortune qui retourne en partie — par un acte de bon plaisir — à ces derniers, il y a ces trois genres de vols, tout ce qu'il y a eu de plus légaux, je le reconnais, mais qui n'en représentent pas moins des années de misère, de faim, la mort lente, pour des milliers d'ouvriers et d'ouvrières réduits au salaire de famine.

Ceux-là et celles-là, tisseurs, couturières, piqueuses, tourneurs et peintres, la main-d'œuvre anonyme en un mot, qui ne compte pas plus que la houille ou la vapeur, et dont les souffrances sont au fond de la prospérité d'un *Bon Marché*, n'ont pas, n'auront pas eu la moindre part à la réparation finale, à la compensation posthume.

C'est de leurs peines, de l'usure de leurs muscles, de leur existence sacrifiée jour par jour, heure par heure, goutte à goutte, qu'ont été fabriqués sou à sou les prodigieux bénéfices dont l'oisiveté d'une Boucicaut a pu faire les largesses qui attellent à son char mortuaire les Halanzier pour les artistes dramatiques, les Bouguereau pour les peintres et sculpteurs, les Colmet-d'Aage pour les musiciens et autres « couchés sur le beau testament ».

Et c'est l'entretenue pendant soixante-dix années de tout ce prolétariat au ventre creux que le chœur des plumitifs voue à la reconnaissance publique, alors que non seulement ce qu'elle lègue, mais ce qu'elle a consommé sa longue vie durant, et ses chevaux, et ses voitures, et ses maisons de Cannes, de Bellevue et de Fontenay, et ses Fromentin, et ses Courbet, tout, jusqu'aux débordements de son inavouable fils, lui a été payé par le travail exploité des uns et la prostitution obligatoire des autres!

C'est le monde renversé, la seule qui « doive » — et qui s'en soit allée avec la majeure partie de sa dette — étant la parvenue, qui n'est parvenue qu'aux dépens et sur le corps piétiné de milliers et de milliers de ses semblables.

La seule morale à tirer des « libéralités » Boucicaut, c'est l'extrême productivité du travail humain associé et organisé. Ces millions issus de la concentration commerciale que réalise un *Bon Marché* sont le plus éclatant témoignage de la large vie que chacun sera en mesure de vivre lorsque — l'industrie et le commerce socialisés — au lieu d'aller s'accumuler dans une caisse individuelle pour n'en sortir qu'à la mort du ou de la capitaliste, les produits, répartis au fur et à mesure de leur production entre tous les producteurs, pourront, sans aumône, de droit, être consommés par eux.

(*Le Socialiste*, 17 Décembre 1887.)

Encore la Boucicaut

J'ai indiqué il y a quinze jours la grande leçon qui se dégage des cent cinquante millions que la Boucicaut a dû rendre en rendant l'âme — et auxquels, pour être complet, il convient d'ajouter les quinze ou vingt millions qu'elle a pu consommer de son vivant : c'est l'immensité des résultats obtenus — et à obtenir — de l'organisation du travail divisé et centralisé.

Mais puisque, passant, sans le voir, à côté de cet argument décisif en faveur de la *production et de la distribution des produits par la société*, on s'obstine à célébrer le cœur, la bonté et autres viscères ou vertus de la défunte propriétaire du *Bon Marché;* puisque l'idée d'une statue à édifier à « une fortune aussi bien acquise que bien employée » gagne du terrain et est qualifiée « d'acte de moralisation sociale », il me faut revenir, par le détail, sur la genèse ou l'origine de cette « richesse née du travail et de l'épargne », comme on le rabâche à l'envie.

Zola, dans son *Bonheur des Dames*, a dépeint une des sources du fleuve d'or que roulent les grands magasins. Il a montré la petite boutique d'autrefois minée jusqu'à sauter par cette concurrence irrésistible et écrasant sous ses ruines des familles entières par milliers. Suicide des uns, faillite des autres, et les survivants annexés par le vainqueur, attelés à son char de triomphe — ou à ses divers *rayons*.

Mais ce n'est pas ce côté de la question qu'il me convient aujourd'hui de mettre en lumière, les victimes de cette lutte entre commerçants ne nous intéressant d'ailleurs pas outre mesure. Que les petits voleurs soient volés par les gros, loin de nous en plaindre nous nous en féliciterions plutôt, l'œuvre de la restitution ou de la socialisation se trouvant simplifiée — et rapprochée — d'autant.

Je passerai également sur cette autre source des millions Boucicaut que représente le profit réalisé sur le nombreux personnel des deux sexes d'un *Bon Marché*. Non pas que je considère les legs variant de 1.000 à 10.000 francs comme une réparation suffisante. Combien d'employés — comme celui dont on trouvera plus loin la lettre navrante et indignée — renvoyés pour une cause ou pour une autre, n'auront pas eu la moindre part à cette libéralité d'outre-tombe ! Chevaux crevés dans cette course au Pactole, ils ont gagné pour le maître — ou pour la maîtresse — le grand prix, sans échapper pour cela à l'abattoir de la faim. Mais outre que leur nombre est relativement restreint, tout le temps où ils ont couru, à l'écurie Boucicaut, paraît-il, l'avoine était de meilleure qualité et en plus grande abondance qu'ailleurs.

Où il faut s'arrêter — parce qu'elle est le principal

facteur de ce coffre-fort transformé en une arche-sainte — c'est à la somme de travail non payé ou volé aux travailleurs de tout sexe et de tout âge qui constitue l'épargne d'une Boucicaut.

Ce qu'il y a, en effet, au fond de ces profits accumulés, c'est l'insuffisance accumulée des salaires. L'action des grands magasins comme le *Bon Marché* a été, sur le prix de la main-d'œuvre, déprimante au delà de toute expression.

Non seulement les Boucicaut et autres Jaluzot ont fait travailler au rabais à la campagne, dans les *ouvroirs* religieux ou laïques, et jusque dans les prisons; mais, sous prétexte d'ouvrage continu et garanti, ils ont, de moins en moins, rétribué leurs ouvriers et ouvrières libres. Et comme sur le marché du travail comme sur tous les marchés, *les cours sont faits par les gros acheteurs ou consommateurs,* cet avilissement des salaires ou des façons n'a pas tardé à se généraliser, à s'étendre, de la partie de la corporation achetée ou occupée par les *bon-marchistes,* à toute la corporation.

C'est le travail féminin, surtout, qui a souffert de cette sur-exploitation, nourrissant de moins en moins les martyres de jour et de nuit de l'aiguille ou de la machine à coudre. Et lorsque je lisais l'autre dimanche dans le *Gil Blas,* sous la signature Colombine, une invitation aux femmes « à voter et à souscrire pour la statue féminine de Mme Boucicaut », je me demandais où M. Henry Fouquier avait la tête.

Mais, malheureux, cette Mme Boucicaut, que vous poussez à « honorer comme le type abstrait de la femme de foyer », a plus éteint de foyers domestiques qu'elle n'a compté de jours, les vidant par la misère, par l'impossibilité de vivre en travaillant, au profit de la fosse commune ou du trottoir ! Elle a été, dans un but de lucre ou de gain, le bourreau de son sexe, acheminé par elle, pour cet argent qui vous monte au cerveau et vous fait délirer, vers l'hôpital, le cimetière et le lupanar !

Comme ces vampires de la fable d'autant plus frais qu'ils avaient bu plus de sang jeune, le capital qu'elle laisse et qui constitue tous ses titres à votre admiration, est fait de la chair consommée vivante de plusieurs générations. Il est fait des tortures d'enfants de sept ans, de l'anémie et de la prostitution des vierges, des larmes et de l'agonie des mères tuées à la peine.

Et c'est pourquoi non seulement les socialistes, mais tous ceux et toutes celles qui ont encore quelque chose qui bat sous la mamelle gauche, maudiront ce capital assassin et la goule qui va s'y tailler une statue.

(*Le Socialiste*, 31 Décembre 1887).

Socialisez !

Un journal bi-mensuel, la *Crise Commerciale*, qui a pris hardiment comme sous-titre : « Organe de tous ceux qui veulent combattre les grands magasins accapareurs », nous apporte une première liste des petits et moyens commerçants tués, à Paris seulement, par quelques « vampires », comme il appelle le Louvre, le Bon Marché, le Printemps, le Bazar de l'Hôtel de Ville, Potin, etc.

Ce sont : le Coin de Rue, la Ville de Paris, les Villes de France, le Pauvre Diable, les Deux Magots, le Grand Condé, le Grand Saint-Louis, la Maison Delisle, la Maison Gagelin, la Compagnie Lyonnaise, la Ville de Lyon, Bouvry-Oudot, la Tentation, Au Roule, l'Etoile du Nord, Malvina, le Prophète, les Statues Saint-Jacques, Au Grand Monge, le Vampire, la Maison Cerf et Michel, le Carrefour Drouot, le Siège de Corinthe, les Dames Françaises, le Prince Eugène, la Maison Modèle, la Maison Gosselin, l'Hermite, au Grand Saint-Louis, les Fabriques du Nord, A l'Elysée, A Ménilmontant, le Grand Saint-Georges, la Dame Blanche, Notre-Dame-de-Lorette, la Maison Barbaroux, Au Grand Lafayette, le Drapeau libérateur, le Persan, la Paix, la Capitale, le Grand Marché Parisien, Féroulle et Rolland, Cossé-Samson, Lecoq et ses fils, Brûlé, Barjon-Duperrier, Blum et Cie, Berton, Lévy-Isaïe, Madeleine, Muret, Manceau et Bardin, Muzard, Plantard, Galichet, Gillebert, Garnier, Goubert, Coquereau frères, A. Journé, Levallard, Lerouget frères, Delaplanche, Pretto et fils, Hall et Hudall, Rueff frères, Wulverick, Piquefeu et Bocher, Vaillant, Denis, Duflot, Eckmann et Sion, Bruneau, Casteyran, Duchâtel, Weill et Bernheim, Wolf, Meslier frères, les Fils de J. Salmon, Barbeux, Gagnet frères, Malherbes, Howyn, Javelot, Prieux, etc...

Ces victimes — et « mille autres que l'on pourrait citer » — épouvantent, on le serait à moins, les survivants du commerce de détail, qui se raidissent contre la faillite qui les attend et font des pieds et des mains pour la conjurer. A cet effet, pour échapper aux mâchoires de l'ogre, ils ont eu l'idée de poursuivre, par voie de pétition, l'établissement d'une taxe, non plus seulement proportionnelle au nombre des personnes employées dans les magasins vendant plusieurs marchandises, mais fortement progressive.

C'est ainsi que la taxe de 25 francs par employé, créée par la loi du 15 Juillet 1880, serait supprimée pour les magasins occupant moins de cinq personnes et portée en revanche :

à 50 fr.	par tête	pour ceux qui comptent de	51 à 100	employés
à 200 fr.	—	—	101 à 200	—
à 500 fr.	—	—	201 à 500	—
à 1.000 fr.	—	—	501 à 1.000	—
à 2.000 fr.	—	—	1.001 à 2.000	—
à 3.000 fr.	—	—	2.001 à 3.000	—
à 4.000 fr.	—	—	3.001 à 4.000	—

Le *Bon Marché,* par exemple, aurait, avec ce système, pour ses 4.000 *calicots* et *calicotes,* à acquitter chaque année 16 millions d'imposition.

Autant demander la lune.

Non pas que les pétitionnaires n'aient « l'équité » pour eux, comme ils disent.

Il est certain — le testament de la Boucicaut en est une nouvelle preuve — que le chiffre des affaires et des gains croît progressivement avec le nombre des travailleurs embauchés et encadrés, et que, par suite, pour atteindre également les revenus inégaux, l'impôt devrait être progressif au premier chef. C'est même de cette sur-productivité du travail en commun, réparti sur un nombre plus considérable de bras, qu'est faite en majeure partie la victoire fatale de la grande industrie et du grand commerce sur la petite industrie et le petit commerce.

Mais, d'une part, jamais l'Etat, qui est de plus en

plus aux mains de la féodalité capitaliste, ne se résoudra à une semblable taxation, qu'il lui faudrait — et pour les mêmes raisons — transporter ensuite du domaine de l'échange au domaine de la fabrication, étendre des employés aux ouvriers. Or, se représente-t-on les Waddington, les Léon Say, les Casimir-Périer, les Screpel et autres industriels qui emplissent le Parlement, se condamnant eux-mêmes à payer des 3 et 4.000 francs par tête de prolétaire qu'ils exploitent dans leurs mines, filatures ou usines.

D'autre part, et surtout, fut-il aussi praticable qu'il est chimérique, que le remède préconisé par la *Crise Commerciale* devrait être repoussé comme pire que le mal contre lequel on l'invoque.

Il n'est pas plus permis de supprimer au moyen du fisc la centralisation commerciale et industrielle, que de détruire par le feu les machines, parce que, comme les machines, cette centralisation comporte des avantages considérables. Les grands magasins représentent le maximum de résultats — ou de distribution des produits — avec un minimum de frais et de temps. Et les faire sauter avec la dynamite de l'impôt, au profit de la petite boutique d'autrefois reconstituée artificiellement, équivaudrait à restaurer la patache, le rouet et le fléau d'antan sur les ruines des chemins de fer, des filatures mécaniques et des batteuses à vapeur mis en pièces.

Non, la solution n'est pas, ne saurait être dans un retour impossible à un passé disparu irrévocablement, ce qui serait un véritable crime de lèse-humanité. On ne remonte pas plus le courant *grand commercial* et *grand industriel* qu'on n'arrête le flux et le reflux de l'océan. On l'utilise ; et *utiliser*, ici, c'est *socialiser*.

L'accumulation croissante des marchandises dans de

gigantesques bazars n'est pas un mal en elle-même. Loin de là ; elle supprime des intermédiaires inutiles et coûteux, réduit les frais généraux de la distribution des produits et permet seule le contrôle.

Ce qui la vicie et lui donne ses effets homicides, c'est la spéculation, l'exploitation qu'entraîne la forme capitaliste, l'appropriation privée de ces bazars.

Mais qu'au lieu d'être aux mains d'une Boucicaut ou d'actionnaires qui ne songent et ne peuvent songer qu'à en extraire des profits, en volant les ouvriers producteurs, le public ou les consommateurs et le personnel employé, ils deviennent propriété nationale et, immédiatement, tout change : les bénéfices, disparus avec ceux qui les empochaient, vont en augmentation du salaire des travailleurs et en réduction du prix des choses qui peuvent être livrées au coût de revient, avec toutes les garanties de qualité.

Là est le salut, et il n'est que là, non seulement pour la masse, mais pour les petits boutiquiers, qui ne meurent plus alors, mais se transforment, certains qu'ils sont de retrouver dans les magasins sociaux, avec le gagne-pain qui leur échappe, l'emploi de leurs facultés.

Hors de cette nationalisation du commerce, ils peuvent geindre, pétitionner, faire des journaux ; ils n'en continueront pas moins à être dévorés les uns après les autres.

(*Le Socialiste*, 14 Janvier 1888).

Les Grands Magasins de tout le monde

M. Camille Dreyfus, dans la *Nation*, raille agréablement un sien correspondant qui, aux plaintes ou aux râles du petit commerce, plus d'aux trois quarts dévoré par les grands magasins, lui dit philosophiquement :

« Fais comme eux, réduis ton gain par article, vends comme eux à bas prix ! »

Comme s'il était possible au boutiquier qui débite deux mille mètres par année de se contenter du demi-centime par mètre, qui suffit, et largement, à l'immense bazar dont le débit se chiffre par des millions de mètres ! Comme si, d'autre part, même à prix égal, le public ne continuerait pas à préférer le beau magasin, un *Louvre* ou un *Printemps* à la mode, au comptoir ranci du coin !

M. Dreyfus se rend parfaitement compte de l'impossibilité d'une semblable lutte. Les petits boutiquiers lui paraissent irrévocablement condamnés à disparaître devant les grands magasins « comme les ouvriers copistes du moyen âge ont disparu devant les ouvriers imprimeurs de la Renaissance ».

La seule solution, conclut-il, est dans « l'opposition des grands magasins de tout le monde aux grands magasins de quelques-uns ».

Qu'il remplace « opposition » par « substitution », et M. Camille Dreyfus aura mis dans le mille — pour cette fois.

Car point n'est besoin, pour avoir, dès demain, *ces grands magasins de tout le monde,* de les faire constituer — ce qui serait aussi inutile qu'utopique — par les petits commerçants groupés par métiers et par spécialités ; il suffit de substituer *dans les grands magasins de quelques-uns,* qui existent aujourd'hui, *tout le monde à ces quelques-uns,* en socialisant Bon Marché, Louvre, Printemps, et le Potin, et la Belle Jardinière, et les autres.

Expropriation et socialisation, tout est là.

Hors de là, il n'y a que la faillite à attendre et des phrases à faire.

(*Le Socialiste,* 28 Janvier 1888).

Les Grands Magasins

M. Camille Dreyfus, dont nous n'avons approuvé que la réplique à un correspondant par trop fumiste, nous répond dans la *Nation* qu'il ne nous répondra pas.

Entre ses « grands magasins de tout le monde » à constituer par quelques petits boutiquiers et nos « grands magasins sociaux » il existe, paraît-il, une « différence de principe telle qu'il est dès lors inutile d'ouvrir une polémique qui se tiendrait nécessairement dans les généralités ».

Quoique nous ne voyions pas très bien comment des points de départ différents empêchent et inutilisent la discussion, nous n'avons nulle peine à comprendre que le député de la Seine, évitant le *Socialiste*, préfère dialoguer avec des gens qui, comme lui, s'enferment sur le terrain de la libre concurrence, quitte à se faire battre par les souteneurs des « grands magasins de quelques-uns ».

Car il n'y a pas à le nier, M. Dreyfus est battu, tout ce qu'il y a de plus battu, par la nouvelle lettre qu'il a reçue et dans laquelle je lis :

Ou les grands magasins, les grandes épiceries, etc..., vendent meilleur marché que les petits boutiquiers de jadis, et c'est alors tant mieux pour le consommateur ; ou bien ils vendent au même prix, et alors d'où viennent les plaintes des petits commerçants qui se disent égorgés ?

Pour repousser ce « rude assaut », le directeur de la *Nation* est obligé de nier le soleil, de contester que les Louvre, les Bon Marché, les Potin puissent livrer — et livrent réellement — moins cher que le petit commerce. Ce qui, fut-il vrai, se retournerait contre le petit commerce convaincu de se plaindre à tort — mais ce qui est faux, archi-faux.

Oui, la concentration commerciale, même sous sa forme capitaliste actuelle, réalise pour tout le monde qui consomme des avantages qu'on ne saurait se refuser à voir sans se décerner un bon pour les Quinze-Vingts.

Non seulement elle permet d'abaisser les prix, en noyant les frais généraux dans un chiffre d'affaires presque illimité et en réduisant au minimum le bénéfice nécessaire par article. Mais elle permet de livrer meilleur, par le contrôle qu'elle entraîne des marchandises fabriquées et acquises en gros.

Et c'est pourquoi criminel serait quiconque voudrait réagir contre cette concentration, sans compter qu'il perdrait à cette œuvre néfaste son temps et son huile.

Toute la question se réduit à ceci : Comment arriver à ce que cette concentration commerciale, qui se traduit en régime propriétaire par le rejet dans le prolétariat des petits boutiquiers écrasés et par l'emmillionnement d'une Boucicaut ou d'un Hériot, profite à tous, non seulement à l'acheteur, mais au producteur, non seulement aux grands bazardiers qui roulent sur l'or, mais aux petits débitants qui courent à la faillite.

Or, ce ne sont pas les syndicats de petits boutiquiers, préconisés par M. Dreyfus, sous le nom de « grands magasins de tout le monde » qui résoudront le problème :

1° Parce que, quoi qu'on écrive, quoi qu'on fasse, ils sont trop contraires aux mœurs individualistes de ce qui reste du petit commerce, pour jamais sortir de leur état de projet ou de rêve ;

2° Parce qu'une partie des petits boutiquiers encore existants arrivât-elle à se syndiquer, à faire bazar commun, il n'y aurait là qu'un Louvre ou un Bon Marché de plus, achevant, comme les autres, à son profit exclusif, l'écrasement et la disparition des débitants non syndiqués ;

3° Parce que, tout le petit commerce fût-il de la sorte transformé en grand commerce, la concurrence survenant entre ces quinze ou vingt grands magasins aboutirait fatalement à la victoire des mieux armés, des plus riches et rejetterait, comme aujourd'hui, dans le prolétariat, les vaincus ;

4° Parce qu'enfin, et surtout, constitués comme les grands « magasins de quelques-uns » sur la base du plus grand profit à empocher, les « magasins de tout le monde » à la Dreyfus pousseraient au dernier degré l'exploitation du travail et des travailleurs (tisseurs, tailleurs, couturières, cordonniers, etc...)

Au contraire, avec la société maîtresse de la distribution des produits, tous les maux engendrés par la concentration commerciale privée sont éliminés, en même temps que sont maintenus et accrus les avantages de la concentration elle-même.

Les ouvriers et ouvrières sont mieux rétribués, peuvent vivre — au lieu de mourir — de leur travail.

Les petits commerçants qui, sabrés quotidiennement, ne savent à quel métier se vouer, encombrant le marché du travail, trouvent, dans la mesure où elles peuvent être utilisées, l'emploi de leurs facultés dans les bazars sociaux.

Les consommateurs, enfin, ont les marchandises au prix de revient, dégrevées des frais de publicité et de réclame, des profits patronaux et des bénéfices *boucicautistes* d'aujourd'hui.

A M. Dreyfus, s'il en doute, de répondre à l'invitation qui lui a été adressée pour la réunion publique organisée dimanche, salle Rivoli, par le *Socialiste*.

Si « différent », si « opposé » que soit le « principe » qui détermine sa campagne, nous lui garantissons la plus complète liberté de polémique ou de contradiction.

Ses clients, les petits commerçants parisiens, seront là. C'est devant eux qu'il aura à opposer « son initiative individuelle » à ce qu'il appelle notre « action de l'Etat ».

Et entre lui et nous, c'est eux qui prononceront.

(*Le Socialiste*, 4 Février 1888).

Pas de remède (1)

En dehors de la suppression des économats patronaux — que nous poursuivons, nous aussi, de tous nos vœux, mais dans un autre but — le groupe parlementaire (2) qui s'est mis en tête de rendre courage et vie au petit commerce, a trois autres cordes à son arc — bandé contre « les phénomènes économiques qui s'opèrent sans cesse dans notre société et créent une situation difficile à tous ceux qui, avec un capital modeste et par leur propre travail, essaient péniblement d'assurer l'existence des leurs ».

C'est l'interdiction de toutes coopératives formées entre employés ou salariés de l'Etat.

C'est l'application du droit commun — lisez de la patente — à toutes les sociétés coopératives.

C'est enfin l'imposition des grands magasins proportionnellement à leur chiffre d'affaires.

Du premier de ces moyens, à peine s'il est utile de parler, tellement il est illusoire. A quel titre, sous quel prétexte l'Etat pourrait-il mettre ceux qu'il emploie hors du droit qui appartient à tous les citoyens de s'entendre et de s'organiser pour s'approvisionner en commun ? Tant que la coopération en matière de consommation n'aura pas été interdite comme un délit, on ne voit pas comment elle pourrait devenir un délit pour telle ou

(1) En dehors de la socialisation ou du socialisme.

(2) Georges Berry, président.

telle catégorie de travelleurs, uniquement parce qu'au lieu d'enrichir de leur travail un particulier, ils ont mis leur activité au service de la nation.

L'impossibilité n'est pas moins évidente de traiter en commerçants et d'imposer comme tels les petites gens dont le pain quotidien est un problème et qui se réunissent pour, à l'aide de denrées achetées en nom collectif et réparties ensuite entre tous, bénéficier de la différence entre le prix de gros et le prix de détail. Mais je veux admettre que, bien qu'ils ne fassent pas acte de commerce — qu'ils n'achètent pas pour revendre mais pour consommer — les coopérateurs, atteints dans leur droit à l'existence, soient astreints à la patente. Qui ne se rend compte que loin d'avoir, par ce crime de lèse-humanité, sauvé le petit boutiquier, on n'aurait que précipité sa ruine ? Au lieu de frapper les grands magasins on les aura, en effet, multipliés, toutes les coopératives existantes se mettant nécessairement — puisqu'on leur en donne le droit en le leur faisant payer, — à vendre à chacun et à tous, et devenant ainsi, du jour au lendemain, autant de grands magasins nouveaux s'ajoutant aux anciens.

Sans m'arrêter à qualifier ces étranges médicastres qui se donnent rendez-vous à je ne sais combien, de tous les camps — j'allais dire de toutes les Facultés — politiques, pour aggraver, pour *mortaliser* le mal auquel ils ont la prétention de remédier, j'arrive au dernier coup qui doit faire feu, à la panacée suprême, à l'imposition soi-disant proportionnelle mais en réalité progressive, des grands bazars existants, d'après leur chiffre d'affaires.

Et là, encore, c'est au pire des mécomptes que nous allons nous heurter. Précisément l'expérience de cette fiscalité à outrance vient d'être faite en Allemagne. Le Conseil municipal de Beuthen s'était avisé de taxer les grands magasins de cette ville proportionnellement à leur capital de circulation. Et qu'en est-il résulté ? Les petits commerçants n'ont pas retrouvé leur clientèle, mais leurs fils et leurs filles, qui constituent en grande partie le personnel de ces « bazars à tout vendre », ont vu réduire d'autant leurs salaires. Ce sont les petits — et les petits seuls — qui ont une fois de plus pâti, sans que les grands aient été même effleurés. Et c'était fatal, c'était *écrit*, comme on dit en Orient.

Il ne faut pas connaître le premier mot du pourquoi et du comment du succès incroyable des grands magasins pour croire un seul instant que tous les millions de surcharge vont retourner les rôles et faire pencher la balance du côté de ces pauvres diablesses de petites boutiques.

De même que l'eau va toujours à la rivière, clientèle et demandes ne cesseront pas d'aller aux larges marchés d'approvisionnement qui ne réduisent pas seulement les prix de vente en réduisant les frais généraux, mais permettent, par leur énorme écoulement, des marchandises sans cesse renouvelées, ne suivant pas, créant le goût du jour.

Demain comme hier, encombrés de leurs *rossignols*, les marchands au détail tireront la langue, dans l'attente d'acheteurs qui ne viennent pas — et sont remplacés par la faillite.

Le nouveau projet Berry-Goujon aura donné, à ces assoiffés, à boire dans un verre vide.

Et, en même temps que la prétendue réforme ne sera, pour la foule de ceux qui avaient mis leur espoir en elle, qu'une loi de déception et une cause de mécontentement, elle sera pour d'autres, non moins dignes d'intérêt, elle sera, pour les commis de magasin, une loi de chômage et de famine.

Ce sont eux qui feront les frais de ce qu'il faut appeler par son vrai nom, une simple manœuvre électorale de nos députés bourgeois. Ils seront frappés de deux façons plus mortelles l'une que l'autre, dans leurs maigres appointements sur lesquels seront prélevés les nouvelles charges fiscales et dans leur nombre qui, dans le même but d'économie, sera réduit au minimum indispensable, au prix du sur-travail du personnel resté en activité.

Cette manière d'enlever ou de rogner leur pain à des milliers d'employés de commerce, sans rendre une heure de vie au petit commerce moribond, est d'ailleurs tout à fait digne de gens qui n'ont encore trouvé que l'épargne — c'est-à-dire la non-consommation — pour combattre la misère ouvrière de plus en plus fille de la sur-production.

(*La Lanterne*, 18 Août 1895).

FIN

Imprimerie du *Bourguignon*, Auxerre (Yonne).

TABLE DES MATIÈRES

Imprimerie Co[illegible] ...orges
Ouvriè[illegible]

www.ingramcontent.com/pod-product-compliance
Ingram Content Group UK Ltd.
Pitfield, Milton Keynes, MK11 3LW, UK
UKHW020313230726
13925UKWH00002B/381